Patagonia in photos

Commemorative Book of the 2nd Patagonia Photo Contest
Libro Conmemorativo del 2° Concurso de Fotografía de la Patagonia

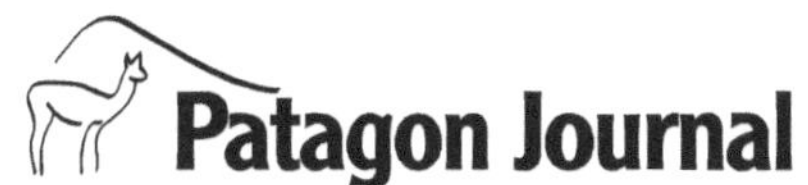

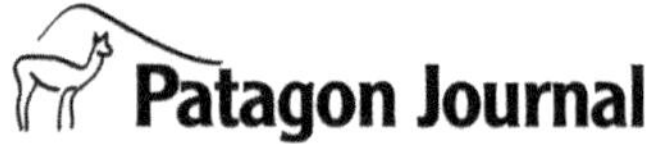

Editor: Jimmy Langman
Design / Diseño: Miguel Bendito Lopez
Translation / Traduccion: Javiera Puentes
Tomas Moggia

Printed in the United States by IngramSpark /
Se imprime en los Estados Unidos por IngramSpark

Distributed worldwide by Ingram Content Group, and in Chile by Patagon Journal and Mandiola y Compañía. / Distribución internacional por Ingram Content Group, y en Chile por Patagon Journal y Mandiola y Compañía.

Special thanks to / Agradecimiento especial a: Roberto Candia, Peter Essick, Ana Stipicic, Jorge Lopez Orozco, Patagonia Chile, Cruceros Austrails, Mitico Puelo Lodge, SERNATUR Los Lagos.

Founded in 2011, the mission of Patagon Journal is to build a greater appreciation, understanding and environmental protection of Patagonia. Patagon Journal publishes its bilingual magazine in both print and digital and is distributed worldwide with subscribers in 20 countries. / Fundada en 2011, la misión de Patagon Journal es fomentar un mayor aprecio, entendimiento y protección medioambiental de la Patagonia. Patagon Journal publica su revista bilingüe en versión impresa y digital y se distribuye en todo el mundo con suscriptores en 20 países.

Patagon Journal
Casilla 1254 – Puerto Varas – Chile
(56 65) 2235056
www.patagonjournal.com

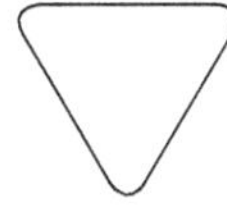

table of contents | índice

preface | prefacio

Often dubbed the "ends of the earth," the magic name of Patagonia has become attached to roughly one-third of lower Chile and Argentina, extending from the lake regions of these countries to Cape Horn at the southernmost tip of South America. It's a land of amazing natural contrasts. Patagonia is the forceful winds, the rain, the flowing ice, it's the mountain peaks, fast flowing rivers, lush forests, barren steppe, diverse birds and wildlife, stunning lakes, and the turbulent seas that pound its coastline.

For centuries, much of this region was a virtual island because of its remoteness and difficult terrain. In Chile, that began to change in 1976, when that country's former military dictator Augusto Pinochet began to build the Carretera Austral. This highway, largely a dirt road, was completed in 2000 and ever since the pace of change in Patagonia has been quickening. New and improving access has meant better infrastructure for local communities but also increasing

Denominado continuamente como "el fin del mundo", se le ha dado el mágico nombre de Patagonia a aproximadamente un tercio del sur de Chile y Argentina, extendiéndose en estos países desde las regiones de los lagos hasta el Cabo de Hornos, la parte más austral del continente. Es una tierra llena de asombrosos contrastes naturales. Patagonia son los fuertes vientos, la lluvia, el hielo que fluye; son las montañas, los rápidos, los exuberantes bosques, la estepa desierta, diversas aves y vida silvestre; maravillosos lagos y el mar turbulento que golpea su costa.

Por siglos la mayor parte de esta región fue virtualmente una isla debido a su existencia remota y difícil terreno. En Chile esto empezó a cambiar en 1976, cuando Augusto Pinochet, dictador militar de ese entonces, comenzó a construir la Carretera Austral. Esta autopista, en su mayoría un camino de tierra, fue terminada en el año 2000 y desde aquel momento se han acelerado los cambios en la Patagonia. Este nuevo y mejorado acceso se ha traducido en mejor infraestructura para las comunidades locales,

environmental threats. Still, Patagonia continues to hold one of the world's last places to experience pristine nature on a grand scale.

Patagon Journal was founded to build a greater appreciation, understanding and environmental protection of Chilean and Argentine Patagonia. Through our magazine, website, books, videos and more we strive to present this region in a high quality format that inspires Chileans, Argentines and people from around the world to enjoy and protect Patagonia. To that end, our annual Patagonia Photo Contest has become one of our most cherished initiatives.

The 100 photos selected for this book are just a small sample of the many incredible images we received in the 2014 contest. We hope you will enjoy these photographs as much as we did.

Jimmy Langman
Executive Editor
Patagon Journal

pero también en un aumento en las amenazas medioambientales. Aun así, la Patagonia se mantiene como uno de los últimos lugares donde experimentar naturaleza prístina a gran escala.

Patagon Journal fue fundada para crear una mayor apreciación, entendimiento y protección medioambiental de la Patagonia chilena y argentina. A través de nuestra revista, sitio web, libros, videos y más, buscamos presentar esta región en un formato de alta calidad que inspire a los chilenos, argentinos y personas de todo el mundo a disfrutar y proteger la Patagonia. Con ese fin, nuestro concurso anual de fotografía de la Patagonia se ha convertido en una de nuestras iniciativas más preciadas.

Las 100 fotos seleccionadas para este libro son una pequeña muestra de las muchas imágenes increíbles que recibimos durante el concurso del 2014. Esperamos que disfruten estas fotografías tanto como nosotros.

Jimmy Langman
Editor Ejecutivo
Patagon Journal

introduction | introducción

The Second Patagonia Photo Contest, held from February to April, 2014, called for photos in four categories. For the nature category, we sought photos of wildlife, trees and plants, or landscapes. In the environment category, images that expose environmental threats or feature environmental solutions. The travel & culture category entails images that reflect the region's unique culture or capture a sense of place. Finally, in the outdoor sports category, images of people enjoying the great outdoors, such as fly fishing, climbing, trekking and other sports or activities.

The contest was a big success, receiving more than 2200 entries from professional and amateur photographers from 14 countries. The 12 winning photos, the top two in in each category and four honorable mentions, were selected in June by a panel of judges based on content, composition, and originality. The Readers Choice award was selected by the general public through popular vote on the Patagon Journal website. Herein is a selection of our 100 overall favorite photos.

El Segundo Concurso de Fotografía de la Patagonia, que se llevó a cabo entre febrero y abril de 2014, recibió fotos en cuatro categorías. Para la categoría de naturaleza, buscamos imágenes de vida salvaje, árboles y plantas, o paisajes. En la categoría de medioambiente, las fotos exponen amenazas al medio ambiente o muestran soluciones medioambientales. La categoría de viajes y cultura consistió en capturas que reflejen la cultura única de la región o la esencia del lugar. Finalmente, en la categoría de deportes al aire libre, el foco estuvo en imágenes de personas disfrutando la naturaleza, incluyendo pesca con mosca, escalada, trekking y otros deportes o actividades.

El concurso fue un gran éxito, habiendo recibido más de 2200 entradas de fotógrafos profesionales y aficionados de 14 países. Las 12 ganadoras, dos principales en cada categoría y cuatro menciones honrosas, fueron seleccionadas en junio por un jurado basándose en contenido, composición y originalidad. El Premio de los Lectores fue seleccionado a través de un voto popular en el sitio web del Patagon Journal. A continuación una selección de nuestras 100 imágenes favoritas.

winners | ganadores

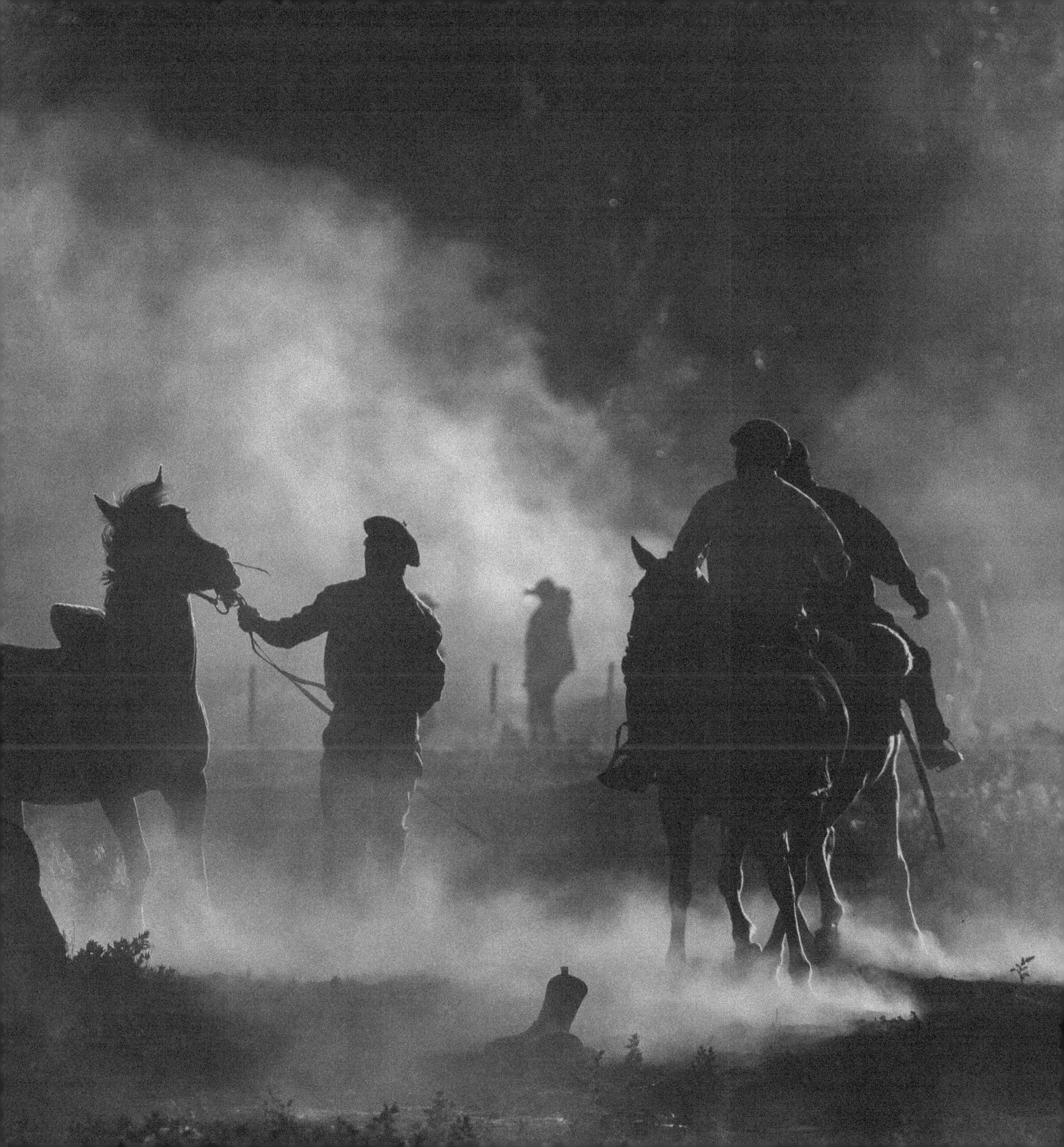

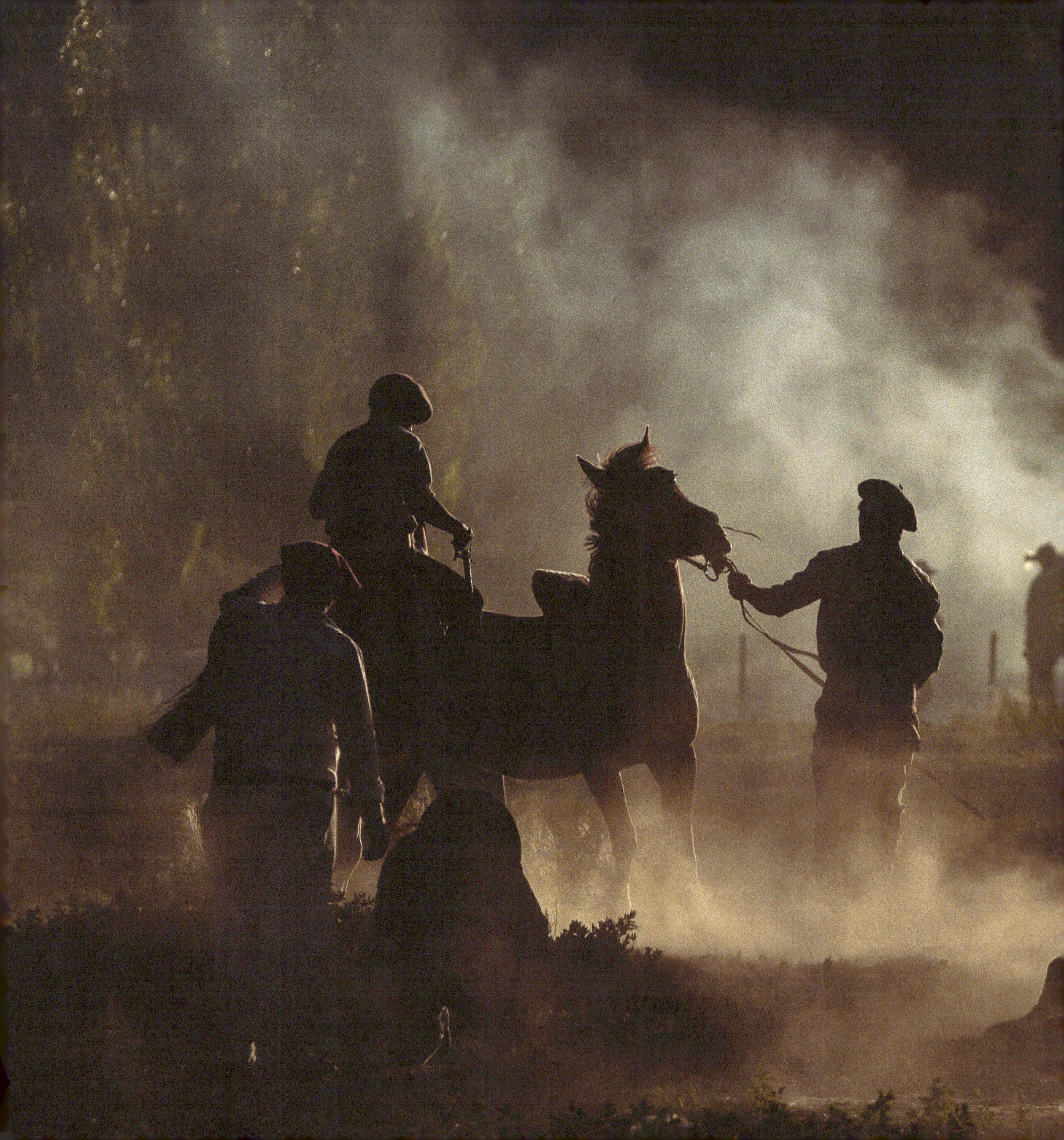

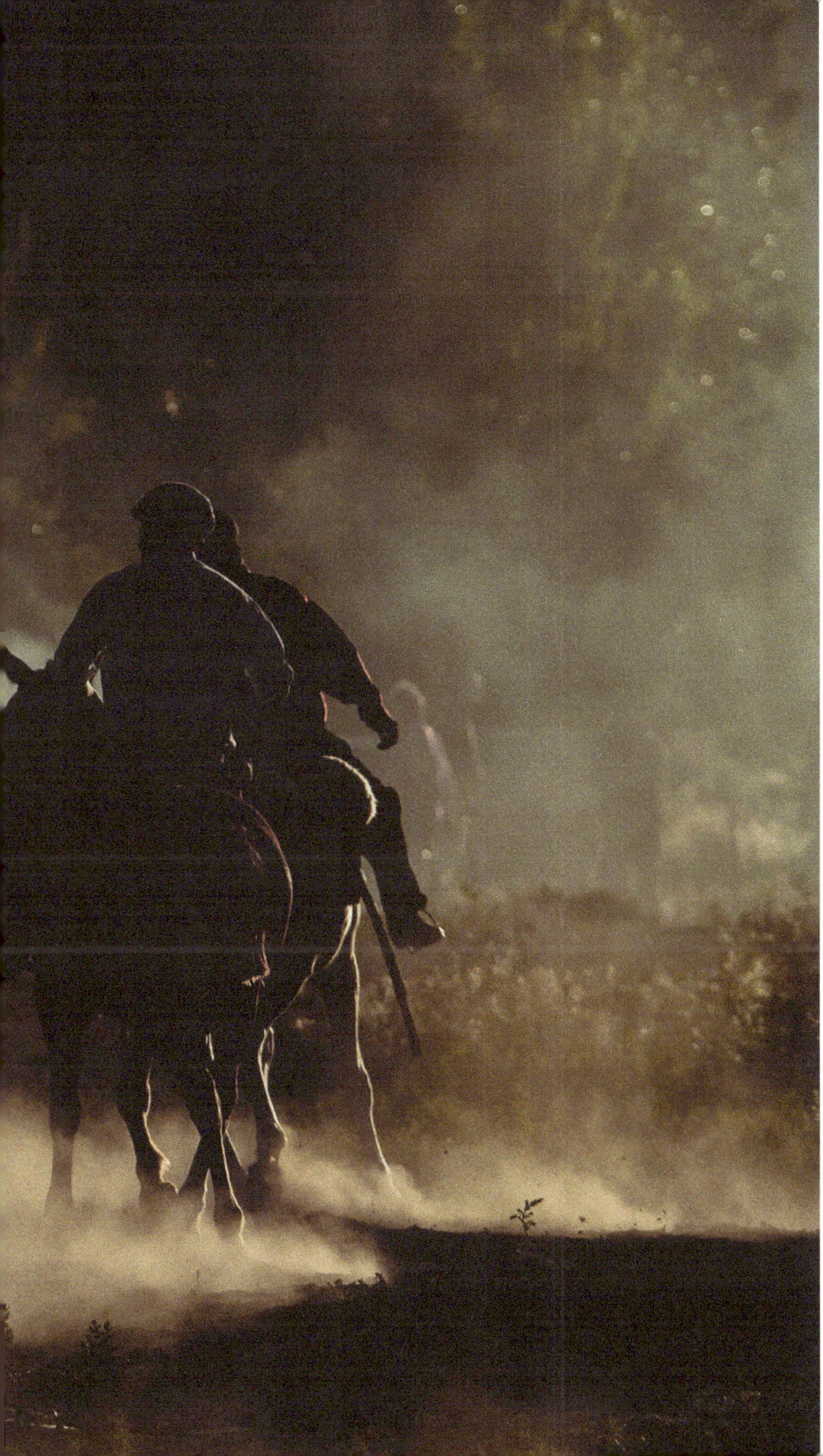

Doma
Federico R. Grosso

Overall winner, winner of Readers
Award, and first place in Travel & Culture
category

Ganador absoluto, ganador de Premio
de Lectores, y primer lugar categoría
Viajes & Cultura

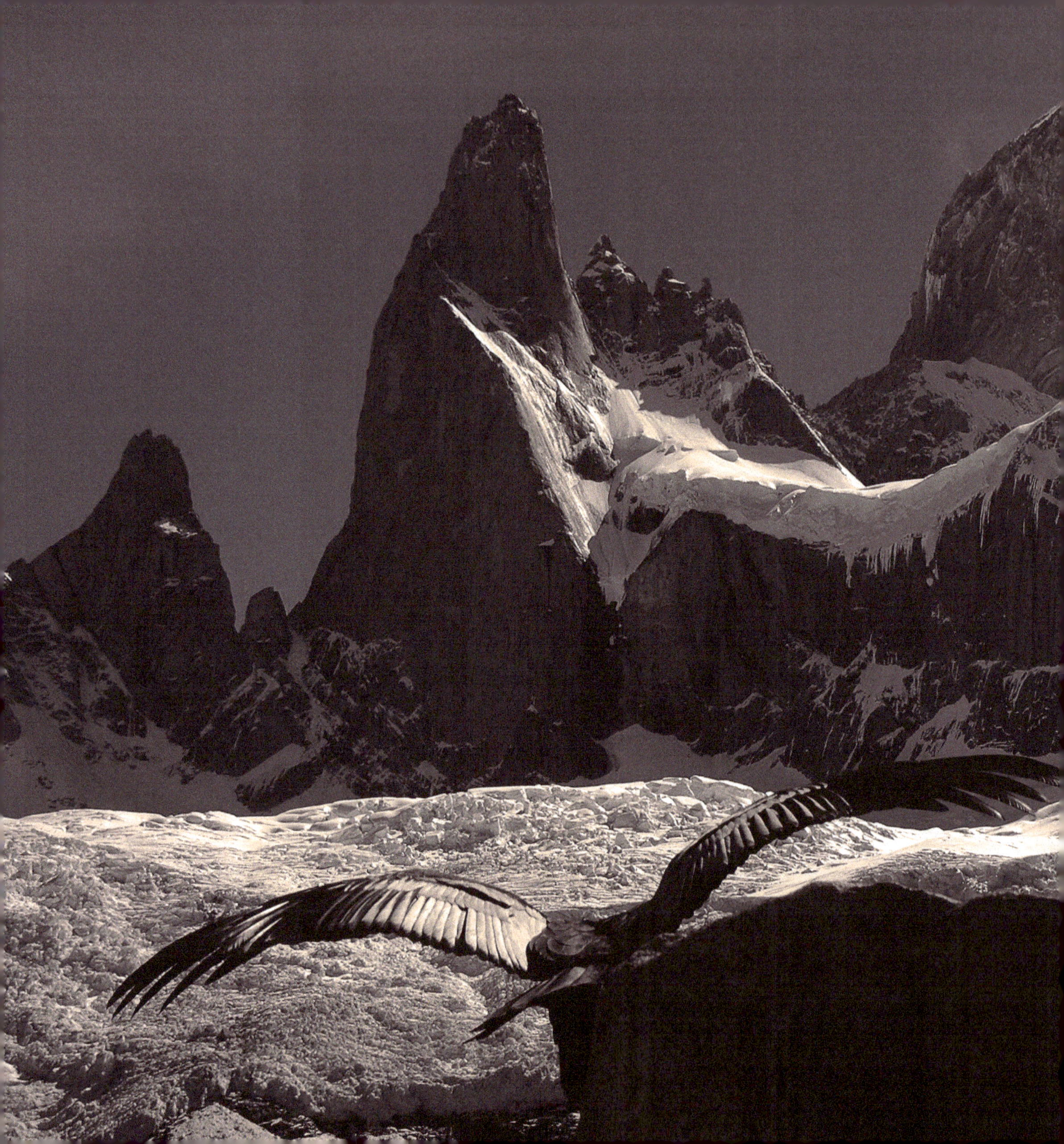

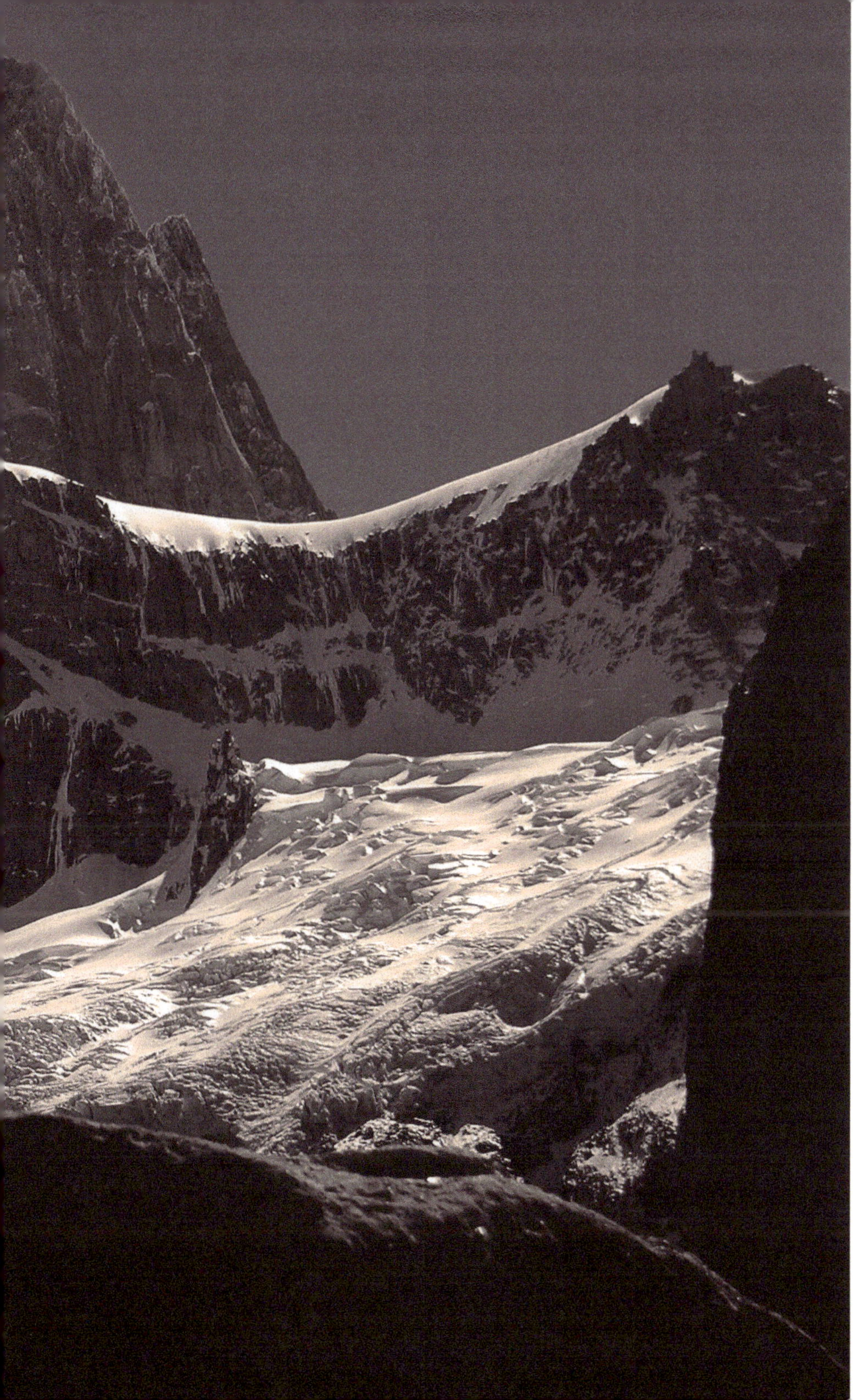

Condor about to fly
Cóndor a punto de volar
Mateo Barrenengoa

First Place, Nature category
Primer lugar, categoría
Naturaleza

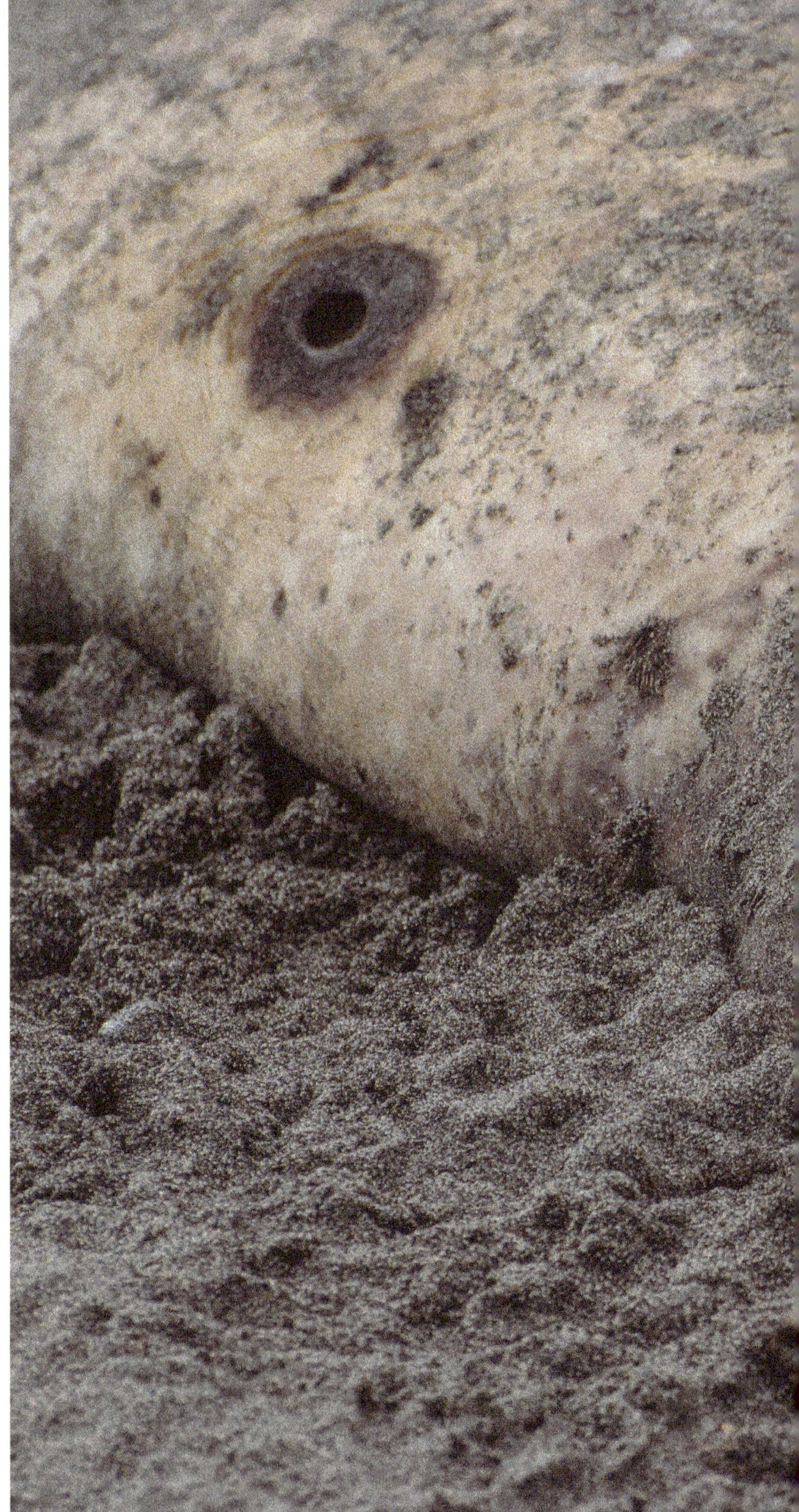

The death
La muerte
Alex Spencer

First place, Environment category
Primer lugar, categoría Medioambiente

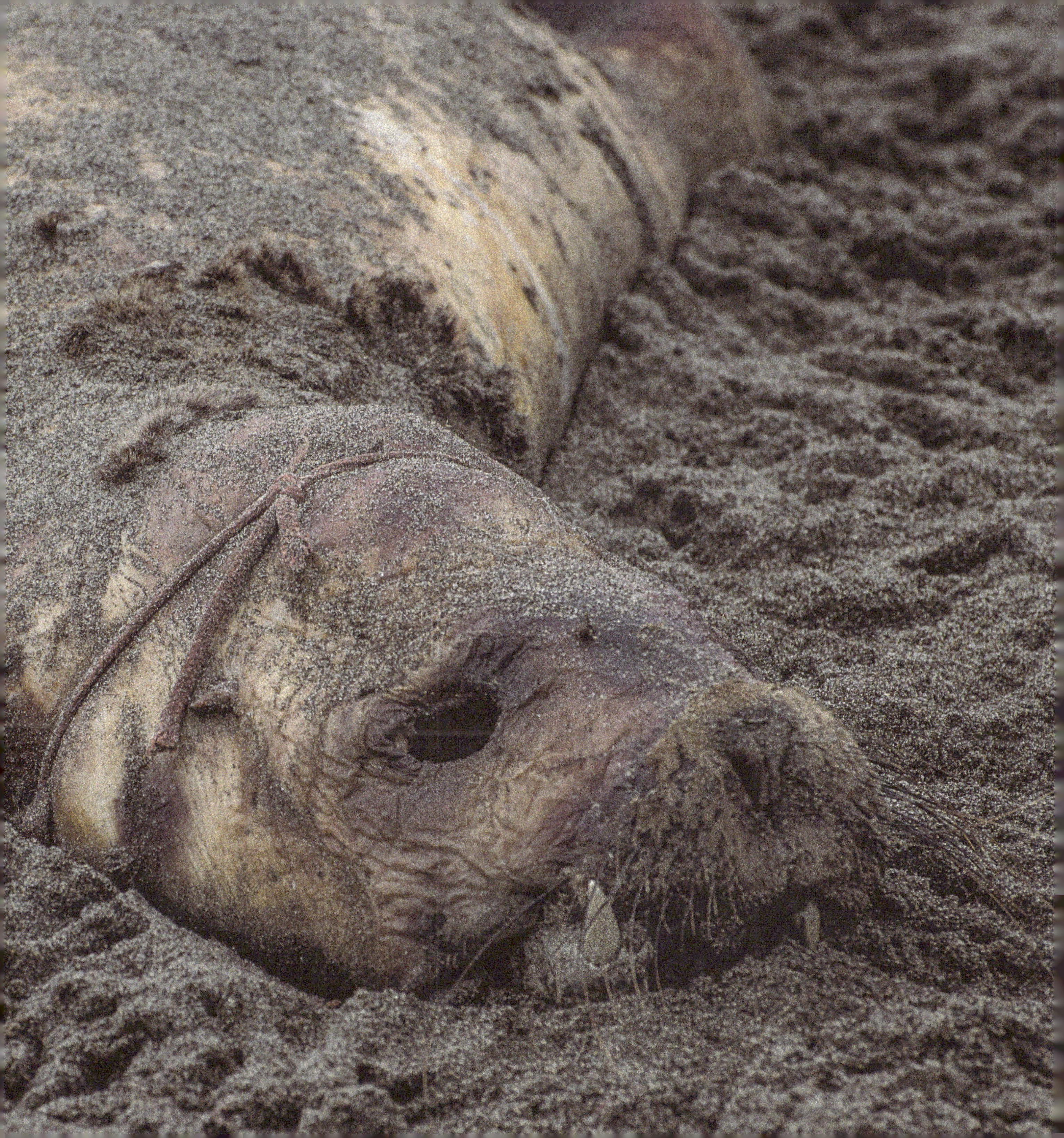

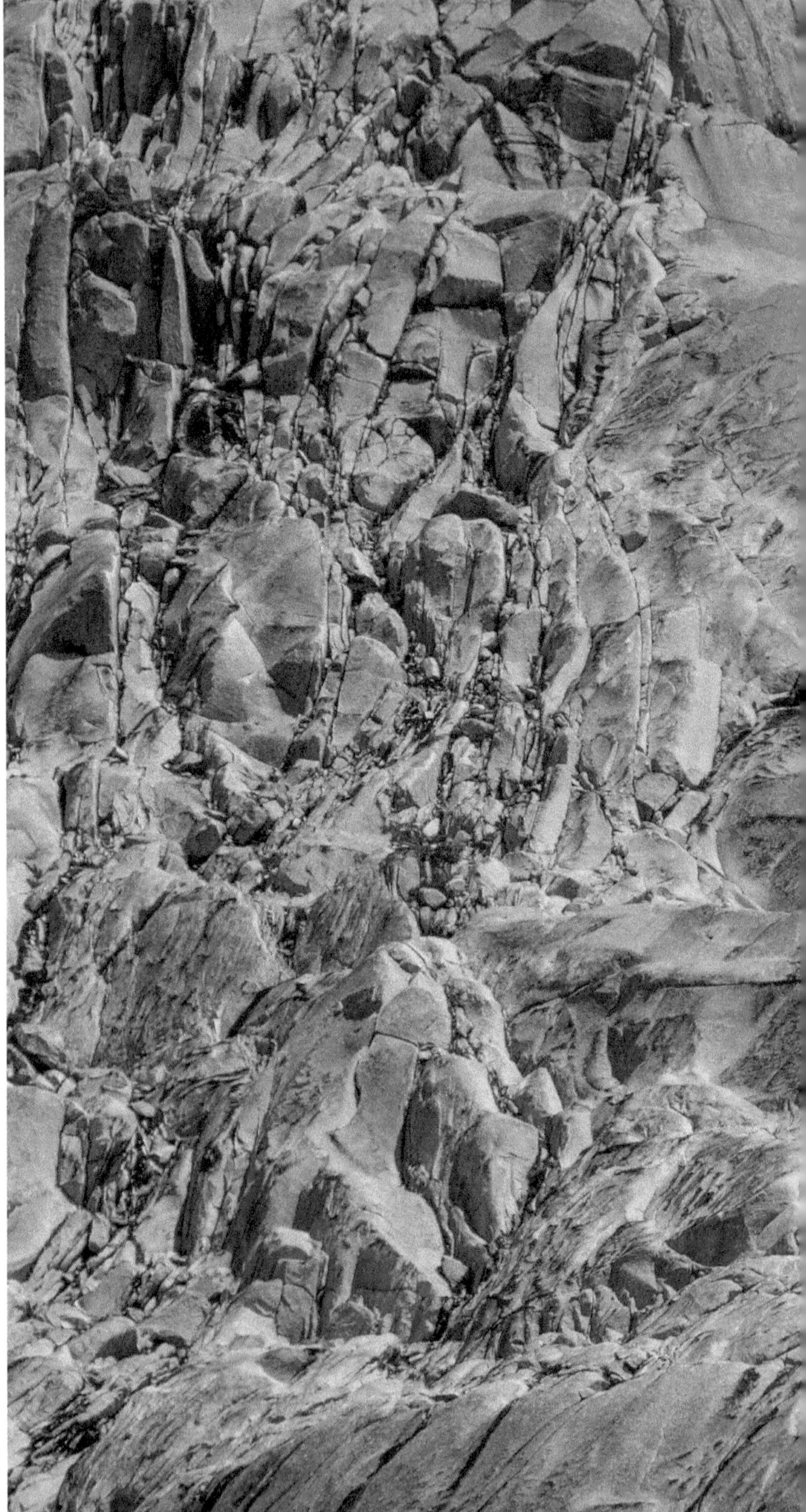

Immersed in granite
Inmersos en granite
Juan Pablo Contreras Castro

First place, Outdoor Sports category
Primer lugar, categoría Deportes al Aire Libre

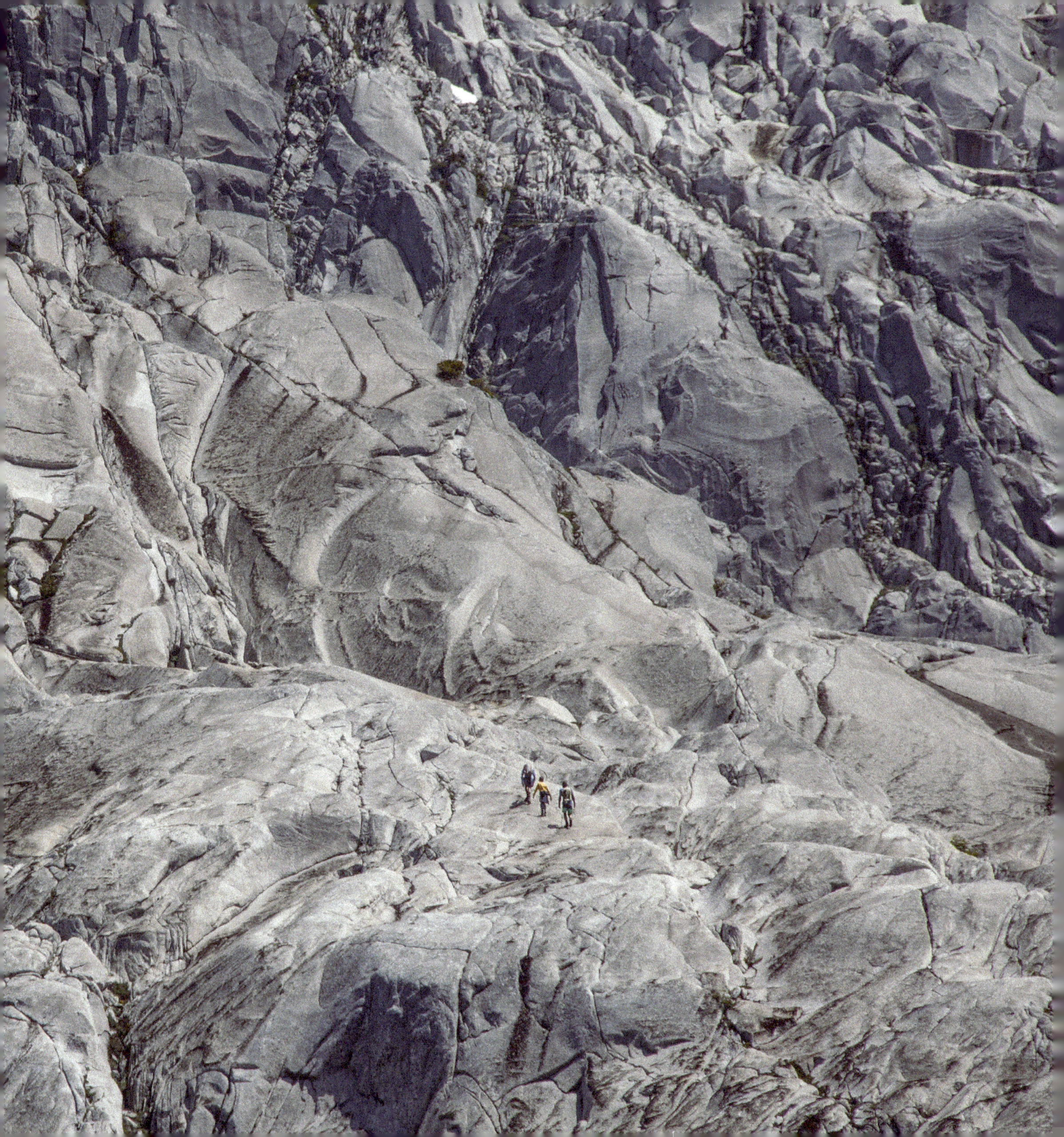

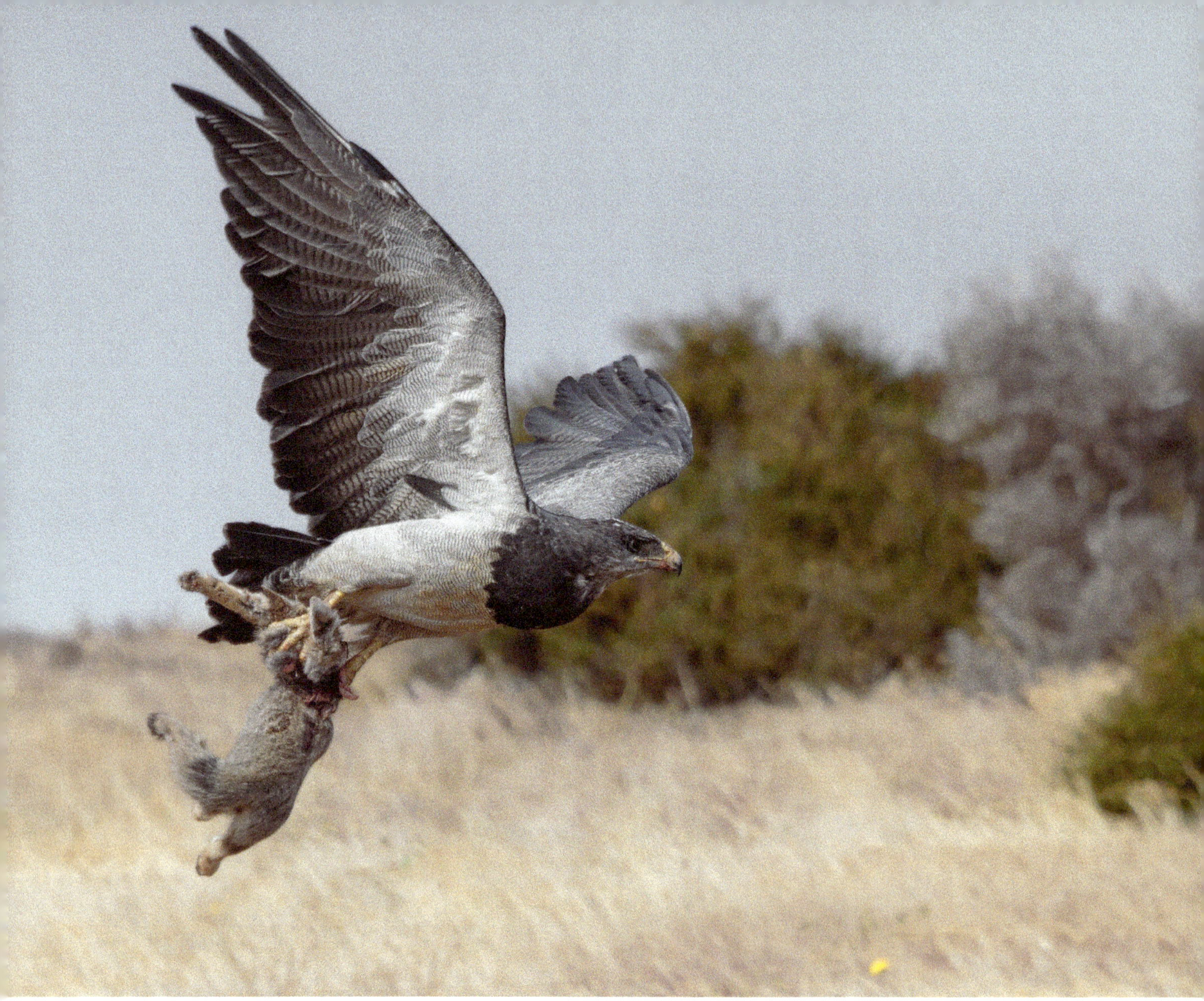

Eagle and its prey
Águila Mora y su presa
Sergio Ujevic

Second place, Nature category
Segundo lugar, categoría Naturaleza

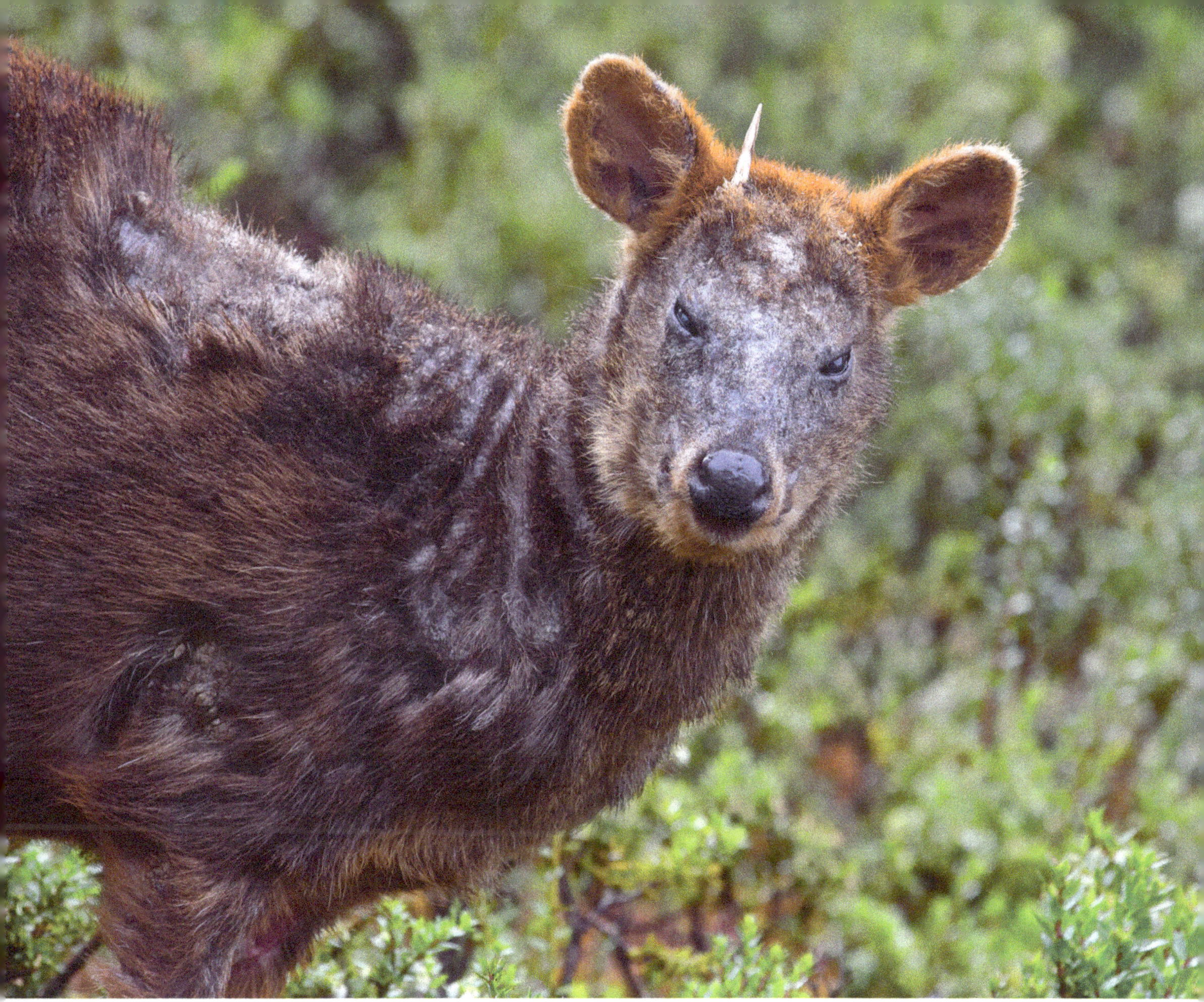

Survivor
Sobreviviente
Francisco Javier Ibarra

Second place, Environment category
Segundo lugar, categoría Medioambiente.

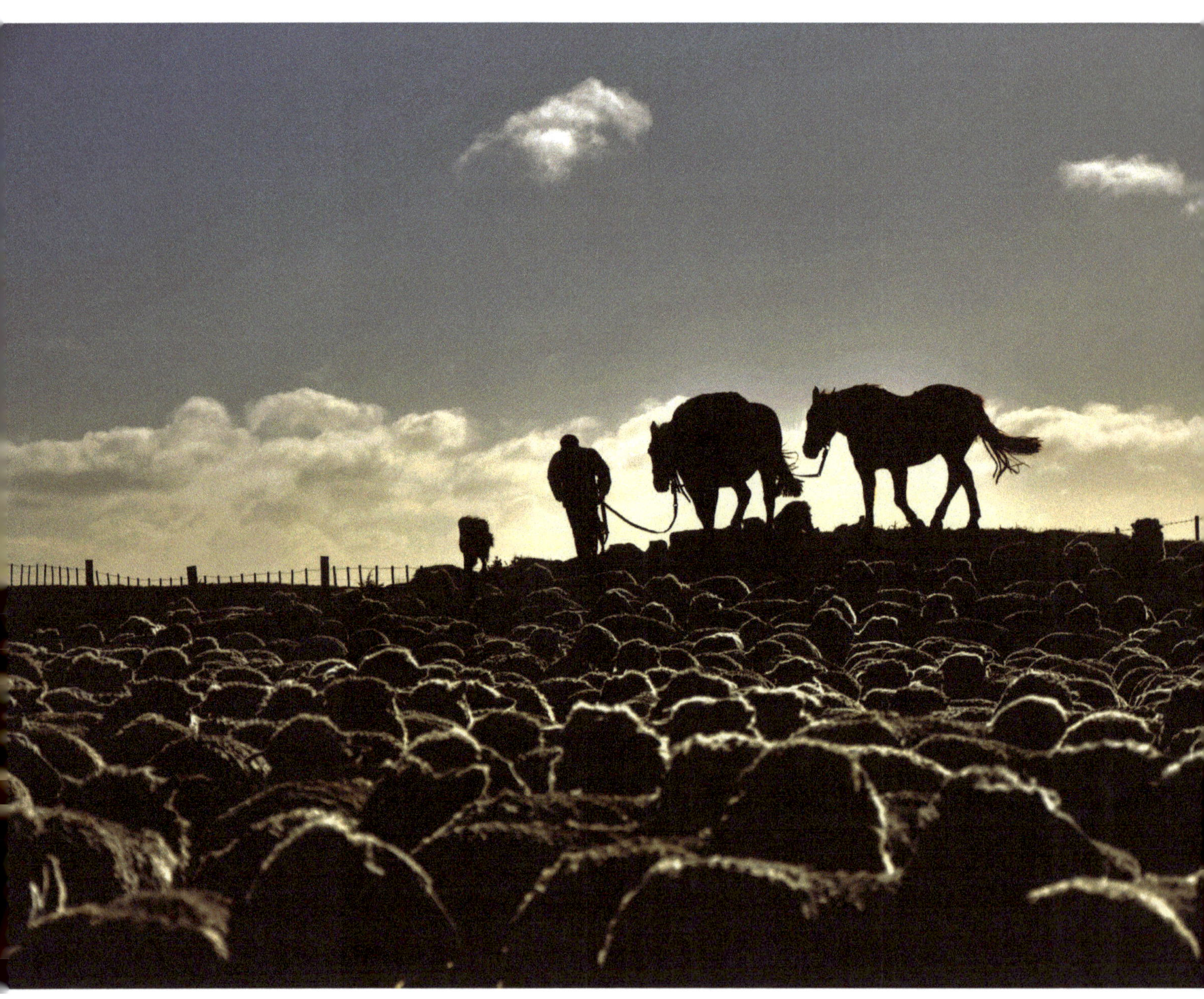

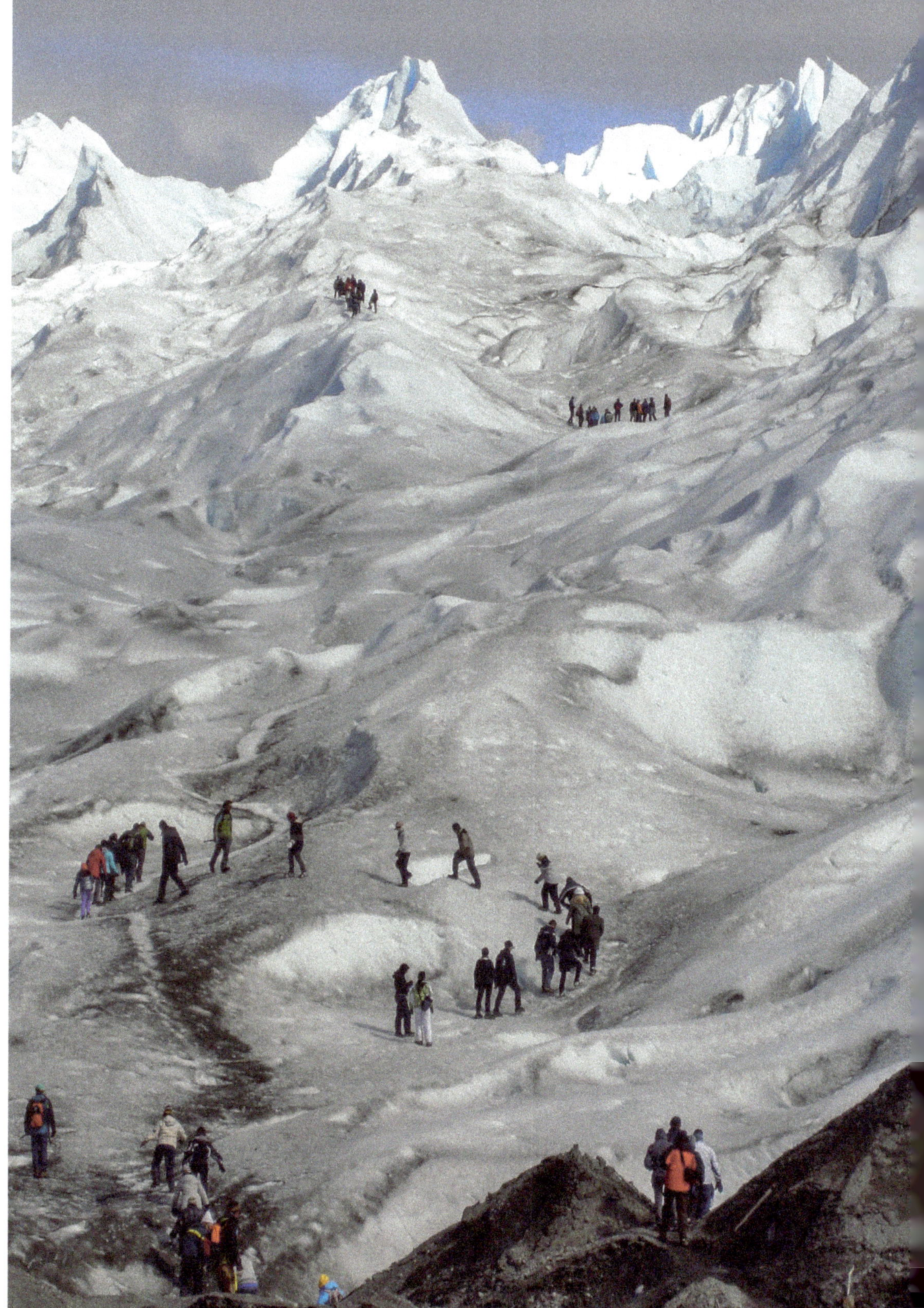

◁ A Patagonian cowboy in
Tierra del Fuego
Un Baqueano fueguino
Alexis Vera

Second place, Travel &
Culture category

Segundo lugar, categoría
Viajes & Cultura

Ice hiking at Perito ▷
Moreno
Caminata en hielo en el
Perito Moreno
Fabián Barría Oyarzún

Second place, Outdoor
Sports category

Segundo lugar, categoría
Deportes al Aire Libre

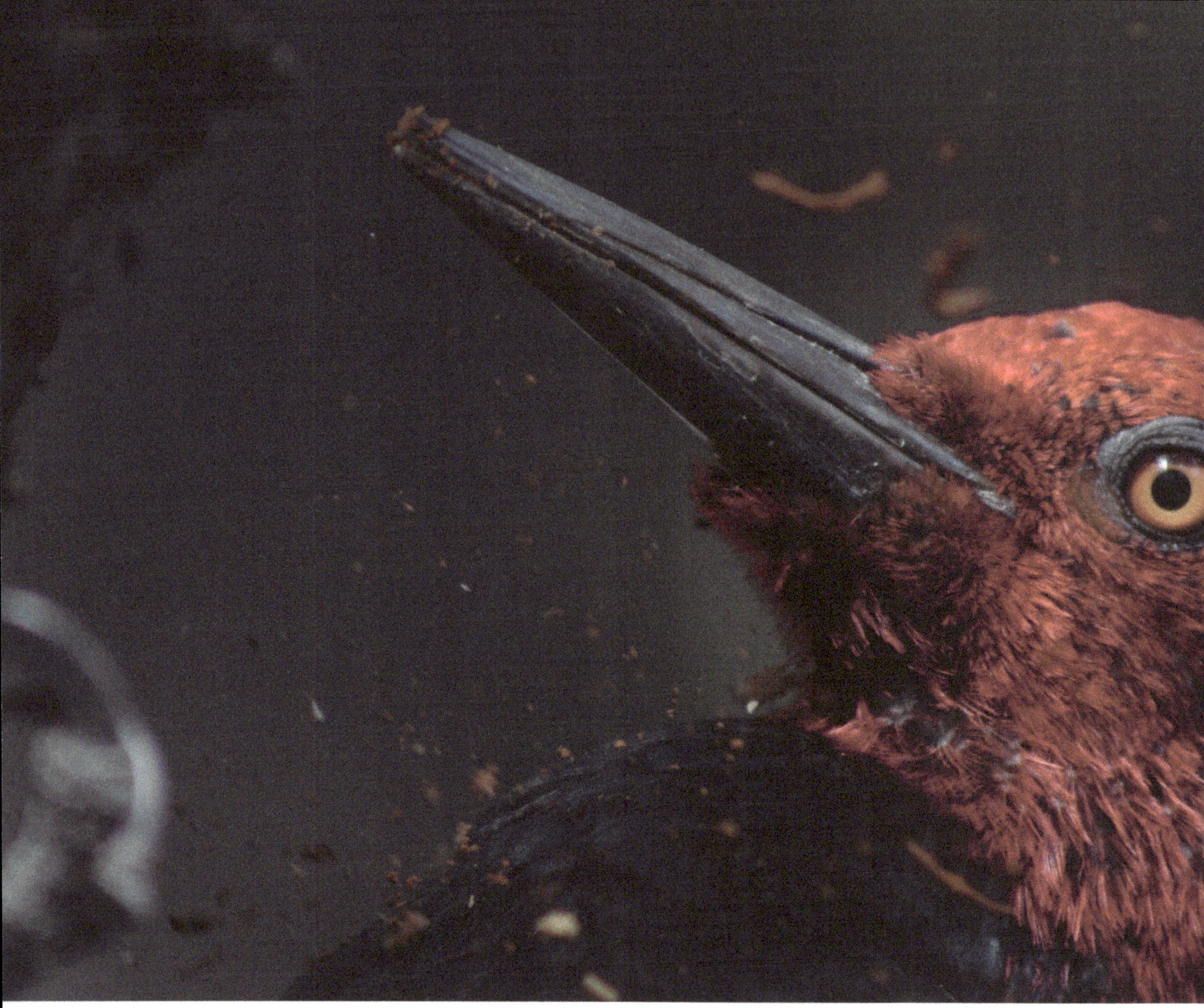

Black woodpecker at Torres del Paine
Carpintero Negro en Torres del Paine
Maurice Dides

Honorable mention
Mención honrosa.

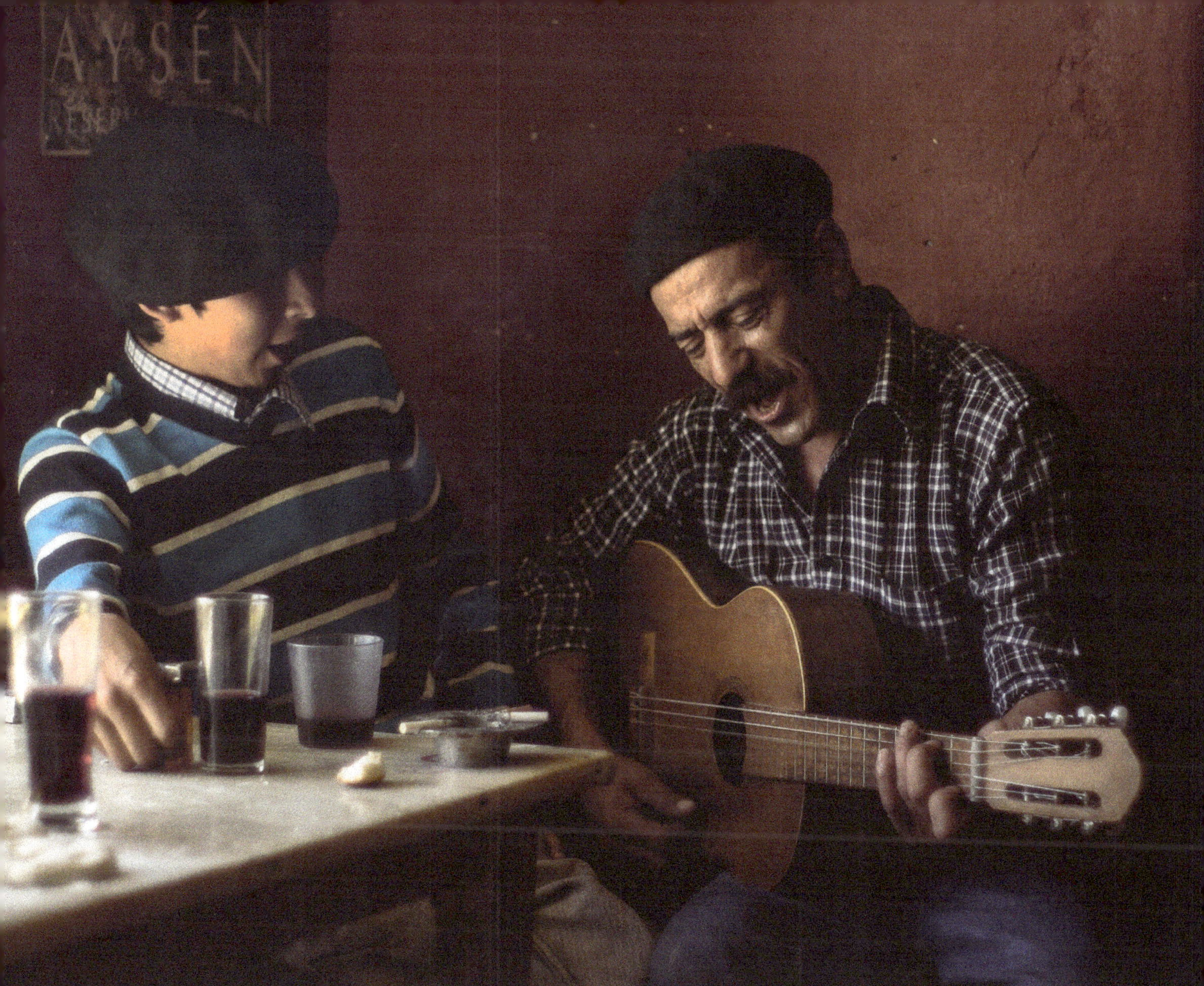

So close, so far
Tan lejos, tan cerca
Felipe Rubilar

Honorable mention
Mención honrosa.

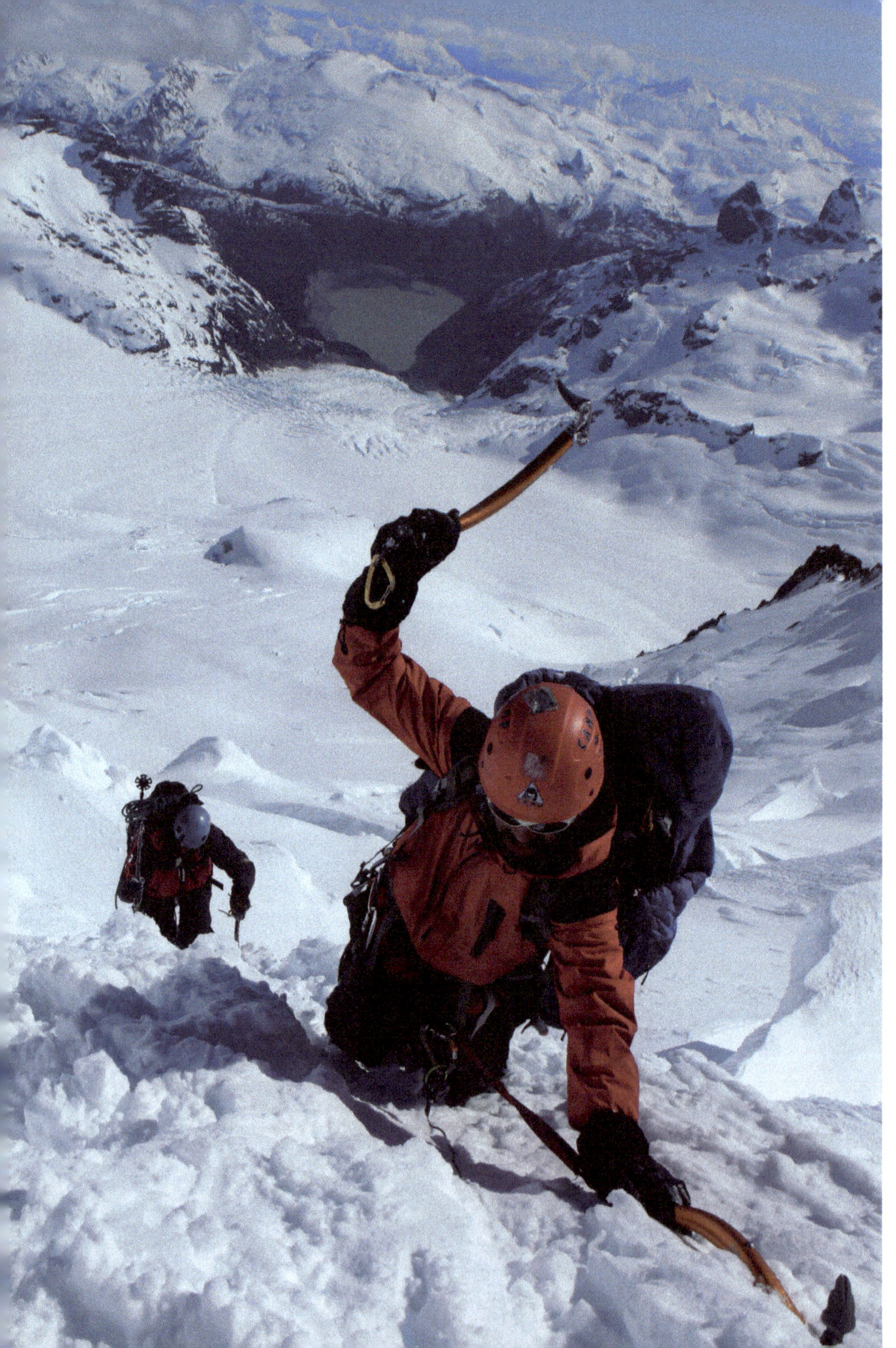

Reaching the sky
Alcanzando el cielo
Jimmy Valdés

Honorable mention
Mención honrosa

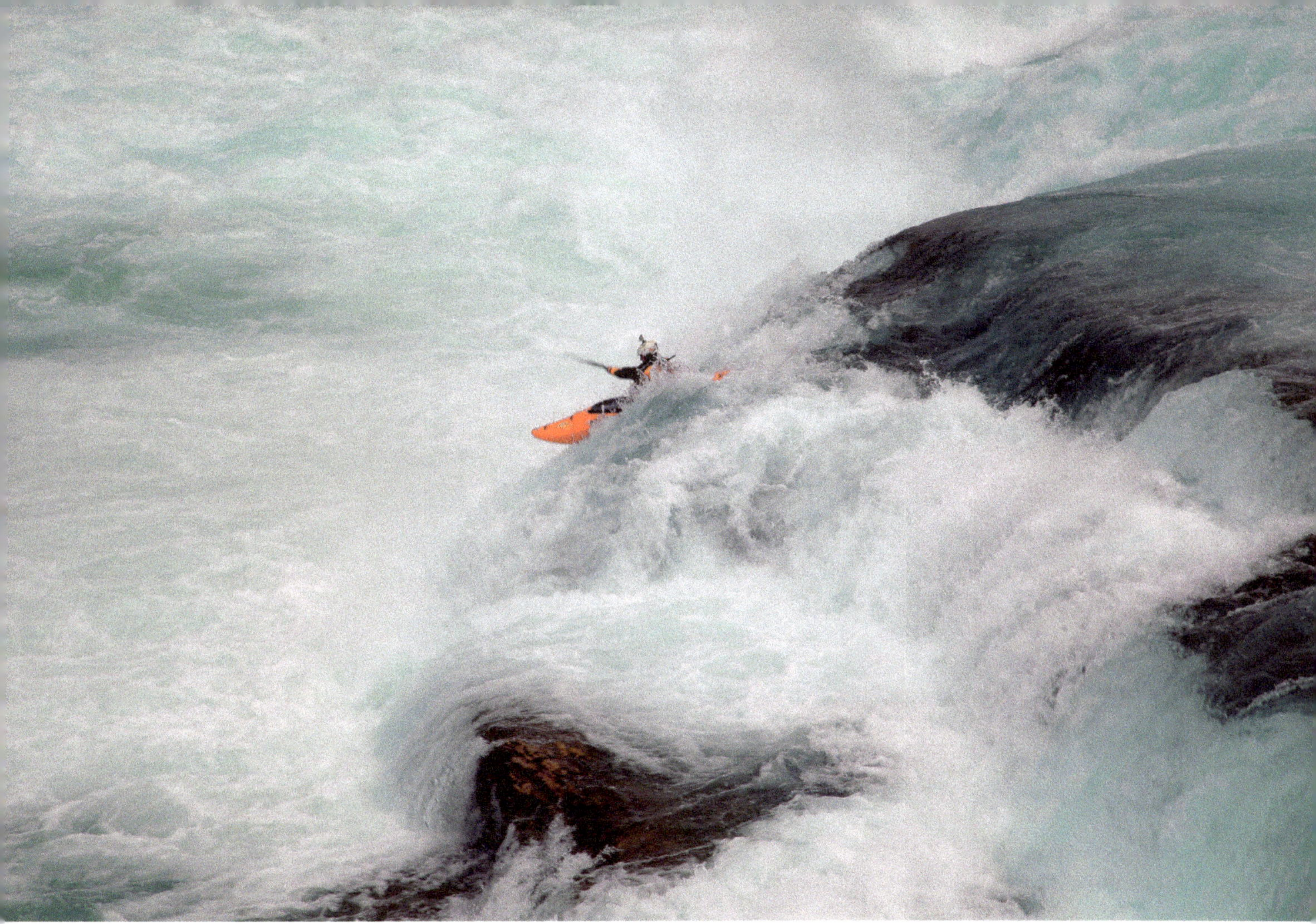

Kayak on the Baker River
Kayak en el Río Baker
Patricio Baeza

Honorable mention
Mención honrosa

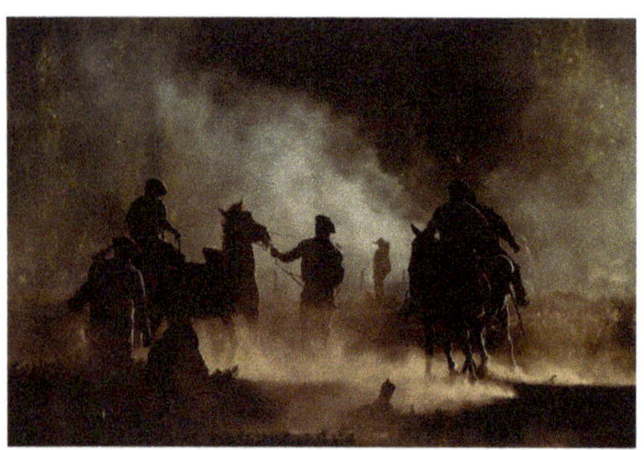

Federico R. Grosso
Doma

Overall winner, winner of Readers Award, and first place in Travel & Culture category

Ganador absoluto, Ganador de premio de lectores y primer lugar categoría
Viajes & Cultura

Why do you enjoy photography?
I enjoy photography because it's a good excuse to live life a little more, to go find things others do not seek, to go out and look a little beyond where people see but don't stop to observe.

What kinds of photos do you look for in Patagonia?
Photography in Patagonia is as magical as Patagonia itself. It has a special charm that is reflected so readily in its landscapes and its people.

What's the backstory behind this photo?
The photo was taken in Piedra Parada, Chubut, where a rodeo was taking place at a climbing event. I was watching the show and realized that with the sunset behind us the photos that you could get were simple pictures of the rodeo but if I crossed to the opposite side, you could get the silhouettes of the gauchos and horses against the sun. When I got to the other side of the track, I saw what you can now see. The figures silhouetted against the light and dust rising generated a special atmosphere.

¿Por qué disfrutas la fotografía?
Disfruto la fotografía porque es una buena excusa para vivir la vida un poco más, ir a buscar cosas que otros no buscan, salir a recorrer y mirar un poco más allá de donde ve la gente y que no se detiene a observar.

¿Qué te gusta fotografiar en la Patagonia?
La fotografía de la Patagonia es mágica como la Patagonia misma. Tiene un encanto especial que es el que trasmiten sus paisajes y su gente.

¿Cuál es la historia detrás de esta foto?
La foto se sucedió en Piedra Parada, Chubut, donde se realizaba una muestra de doma y jineteada en un evento de escalada. Estaba viendo el espectáculo y me di cuenta que con la puesta del sol a nuestras espaldas las fotos que podía obtener eran simples tomas de jineteadas pero si me cruzaba al extremo opuesto, podía recortar las siluetas de los gauchos y los caballos contra el sol. Cuando llegué al otro lado de la pista, vi lo que ustedes ahora pueden ver. Las figuras se recortaban a contraluz y el polvo que se levantaba generaba una atmósfera especial.

Mateo Barrenengoa
Condor ready to fly
Cóndor a punto de volar

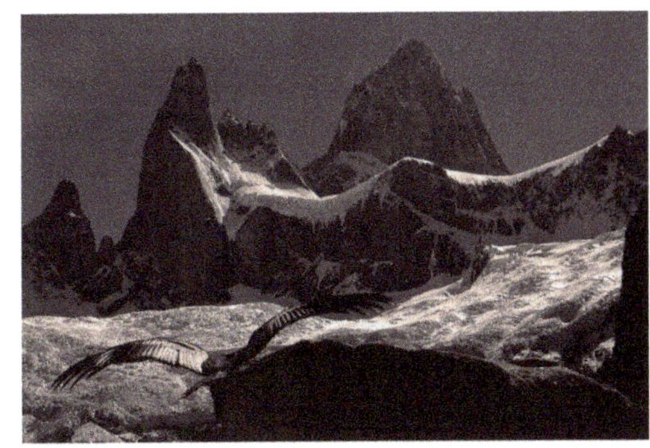

Why do you enjoy photography?
I really enjoy it a lot because it is a way to relive the moments that most fill me with joy, which is being close to nature.

What kinds of photos do you look for in Patagonia?
I like to photograph anything in Patagonia, it is all so great and impressive there that the photos tend to always come out good. Patagonia is filled with life, clouds, lights and countless other factors that make for a good photo.

What's the backstory behind this photo?
The moment captured in this photo was wonderful. First, I saw the condor flying in this gigantic natural amphitheater and soon saw that it was resting on a rock. Slowly and calmly I walked toward him, doing some photos along the way and was surprised to see that it did not fly away. I was able to get just a few feet away and enjoyed the view for awhile, without taking any photos, too. Eventually, the condor decided to fly away and I made this photo.

¿Por qué disfrutas la fotografía?
La disfruto muchísimo porque es la manera que encontré de volver a vivir los momentos que más me llenan de alegría y que son los cercanos a la naturaleza.

¿Qué te gusta fotografiar en la Patagonia?
Me gusta fotografiar cualquier cosa en la Patagonia, es todo tan grande e impresionante que las fotos suelen salir bien. Hay mucha vida en la Patagonia, nubes, luces y un sinnúmero de factores para lograr una buena fotografía.

¿Cuál es la historia detrás de esta foto?
El momento de la foto fue maravilloso. Primero, vi al cóndor volando en este gigantesco anfiteatro natural y al rato vi que se pozo sobre una roca. Lentamente camine hacia el con calma, fui haciendo algunas fotos y me sorprendí al ver que no volaba con mi presencia. Logre un acercamiento de unos 3 o 4 metros y disfrute de la vista un buen rato sin hacer fotos. Después de unos minutos decidió volar y logré hacer esta foto.

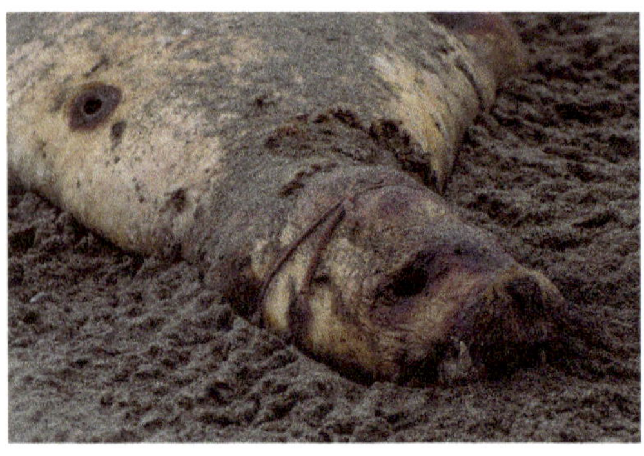

Alex Spencer
The death
La muerte

First place, Environment category
Primer lugar, categoría Medioambiente

Why do you enjoy photography?
I enjoy photography for the opportunity to appreciate moments, places and wildlife, beyond a mere experience.

What kinds of photos do you look for in Patagonia?
The most attractive parts of Patagonia for me are its breathtaking landscapes. Whether, forests, mountains, glaciers, icefields, steppes, wetlands, rivers, lakes, volcanoes, or oceans, in Patagonia you experience spectacular moments.

What's the backstory behind this photo?
This photo was shot in the Añihue Reserve, located near Raúl Marín Balmaceda. I was privileged to visit there in January 2014 for work, and during a day of monitoring the Austral dolphin species, we found this sea lion washed up on the beach. It was obvious that at some point the animal was caught in a fishing or salmon net, what was unclear was the cause of death. However, one could see that the animal was also wounded by a shot or a harpoon. Its one more sign of the unacceptable level of carelessness of the salmon industry in Chile.

¿Por qué disfrutas la fotografía?
La fotografía la disfruto por la oportunidad de apreciar momentos, lugares y fauna más allá de una mera experiencia.

¿Qué te gusta fotografiar en la Patagonia?
Lo más atractivo en la Patagonia son sus paisajes alucinantes. Ya sean, bosques, montañas, glaciares, ventisqueros, estepas, humedales, ríos, lagos, volcanes u océano. En la Patagonia se viven momentos sobrecogedores.

¿Cuál es la historia detrás de esta foto?
La fotografía fue realizada en la Reserva Añihué, ubicada cerca de Raúl Marín Balmaceda, Chile. Tuve el privilegio de visitarla en enero de 2014 por motivos de trabajo, y en una jornada de Monitoreo de Delfín Austral, nos encontramos con este Lobo Marino, arrastrado por la corriente hasta la playa. Era evidente que el animal en algún momento quedó atrapado en una red, ya sea de pesca o de salmonera, lo que no estaba claro era la causa de muerte. Sin embargo, además se observa una herida penetrante, probablemente a causa de un disparo o un arpón. Es realmente lamentable la situación de la industria salmonera en Chile, de un nivel de displicencia inaceptable.

Juan Pablo Contreras
Immersed in granite
Inmersos en granite

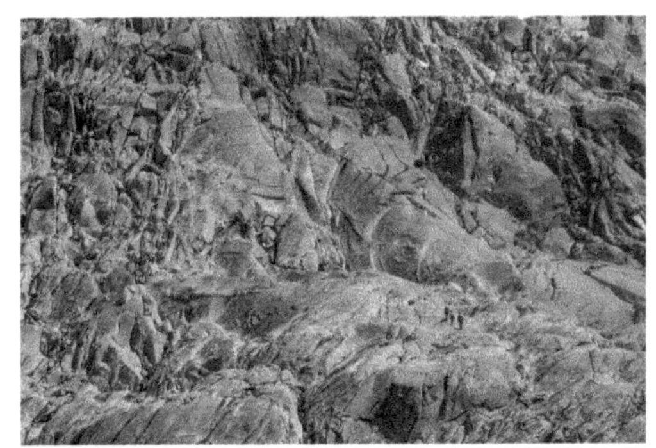

First place, Outdoor Sports category
Primer lugar, categoría Deportes al Aire Libre

Why do you enjoy photography?
I enjoy a lot generating reactions in the people who look at my photos, and how through images one can tell great stories.

What kinds of photos do you look for in Patagonia?
I really like to photograph its landscapes, mainly sunrises and sunsets, which reflect intense colors through the interplay between light and shadows. As well, the imposing mountains, rivers and lakes that Patagonia offers and its unique wildlife and people.

What's the backstory behind this photo?
This photo was taken in January 2014 when I climbed Cerro Arcoíris in Cochamó Valley with my three brothers and a friend. The people in the photo are my brothers. I stayed on a lookout taking pictures of the landscape and as they climbed I was able to capture this photo of them among the enormous quantity of granite. Cochamó is a magical place of immense granite walls, a place where we climbed, met people and did several treks, it was a great experience.

¿Por qué disfrutas la fotografía?
Disfruto mucho el generar reacciones en las personas que ven mis fotografías, y cómo a través de las imágenes se pueden contar grandes historias.

¿Qué te gusta fotografiar en la Patagonia?
Me gusta mucho el poder fotografiar sus paisajes, principalmente amaneceres y atardeceres, que reflejan colores tan intensos con el juego característico entre luces y sombras, además de las imponentes montañas, ríos y lagos que la Patagonia ofrece y sus característicos animales y su gente.

¿Cuál es la historia detrás de esta foto?
Está fotografía fue tomada en enero de 2014 cuando subíamos el Cerro Arcoíris, en el Valle Cochamó, junto a mis tres hermanos y un amigo. Los que aparecen en la foto son mis hermanos, yo me quede en el mirador haciendo fotografías del paisaje y mientras subían los pude fotografiar junto a esa gran cantidad de granito. Cochamó es un lugar mágico de grandes paredes graníticas, donde pudimos escalar, conocer gente y realizar diferentes trekkings, fue una gran experiencia.

nature | naturaleza

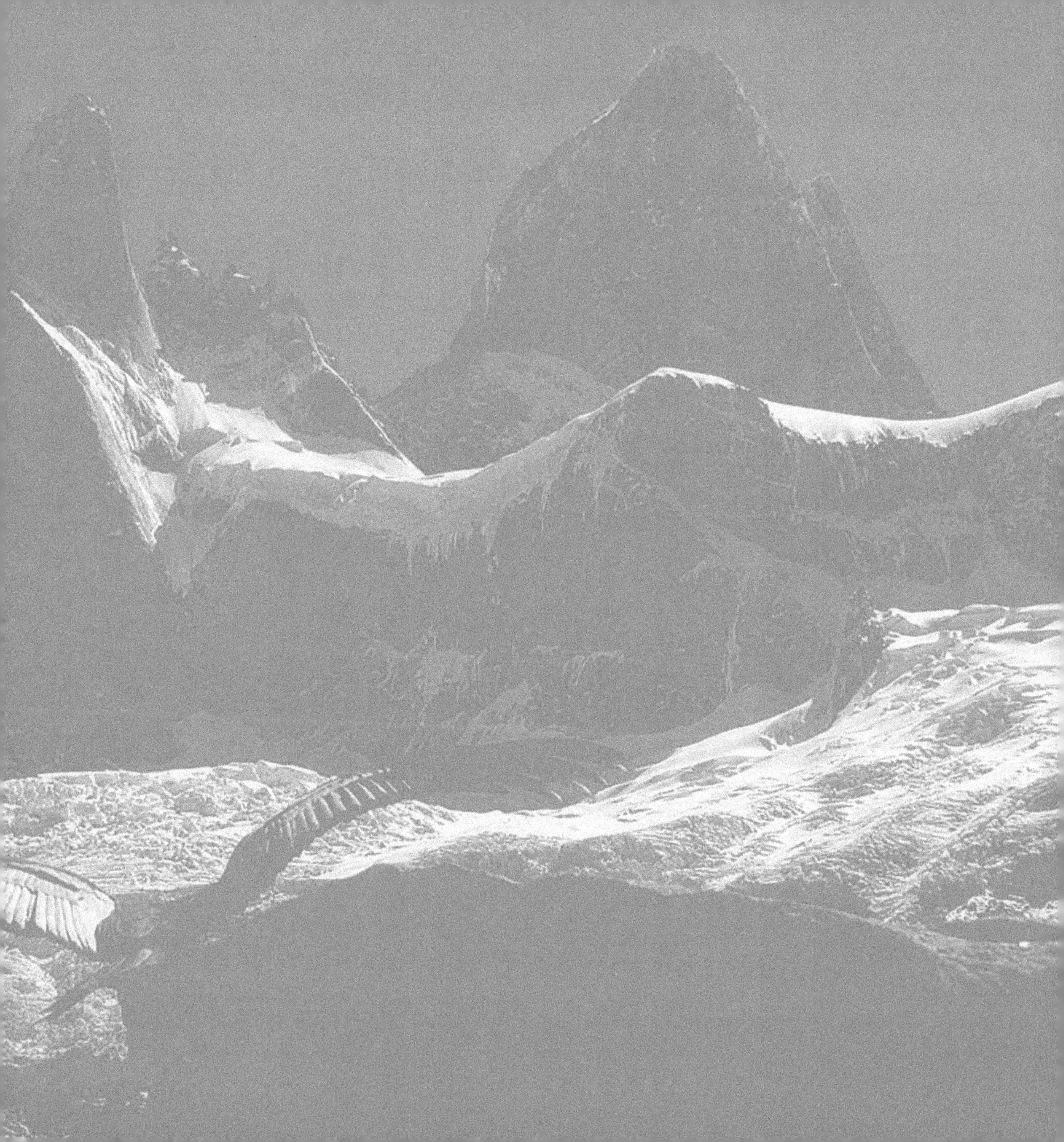

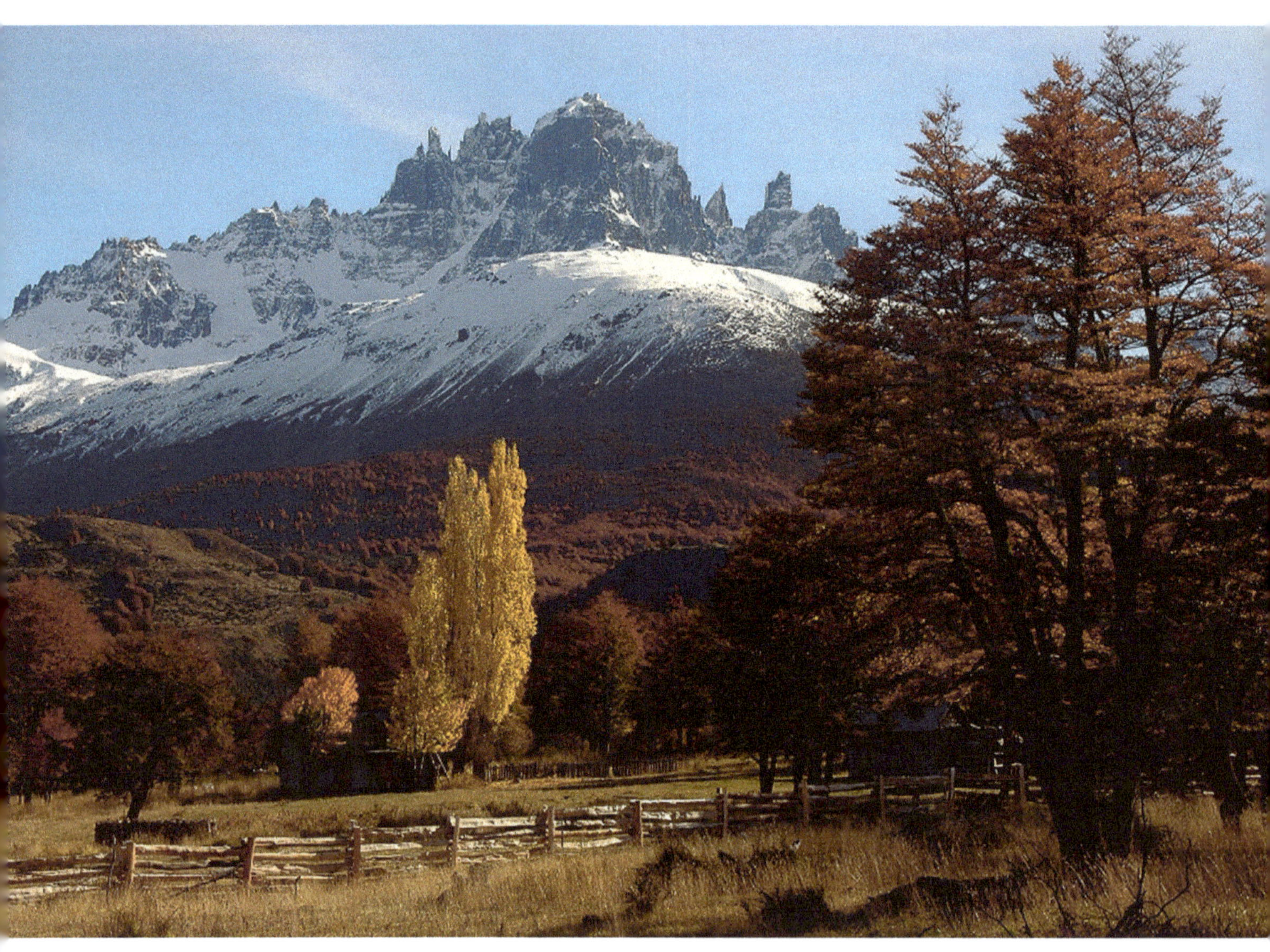

Inhabiting the fall
Habitando el otoño
Francisco Croxatto

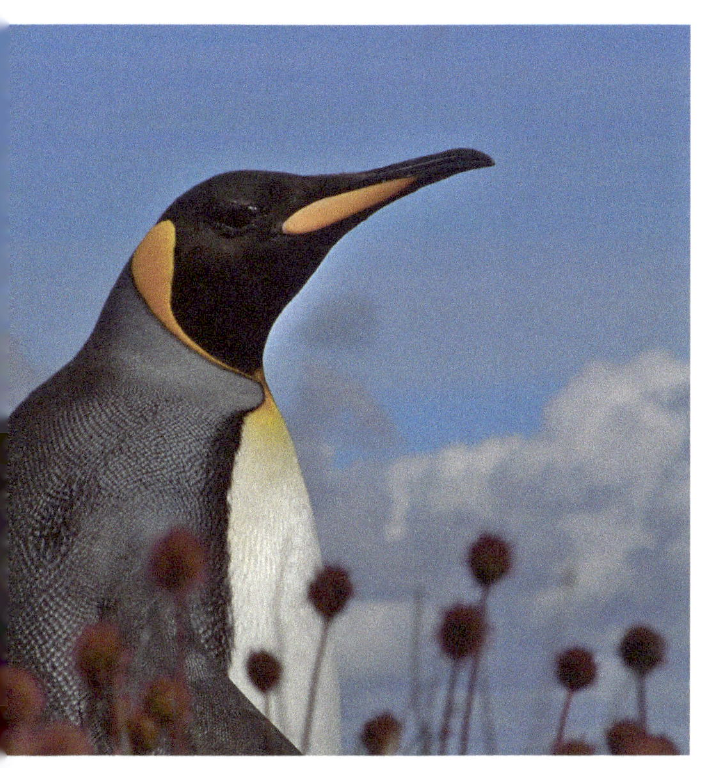

Portrait of the king
Retrato del Rey
Hernán Mondino

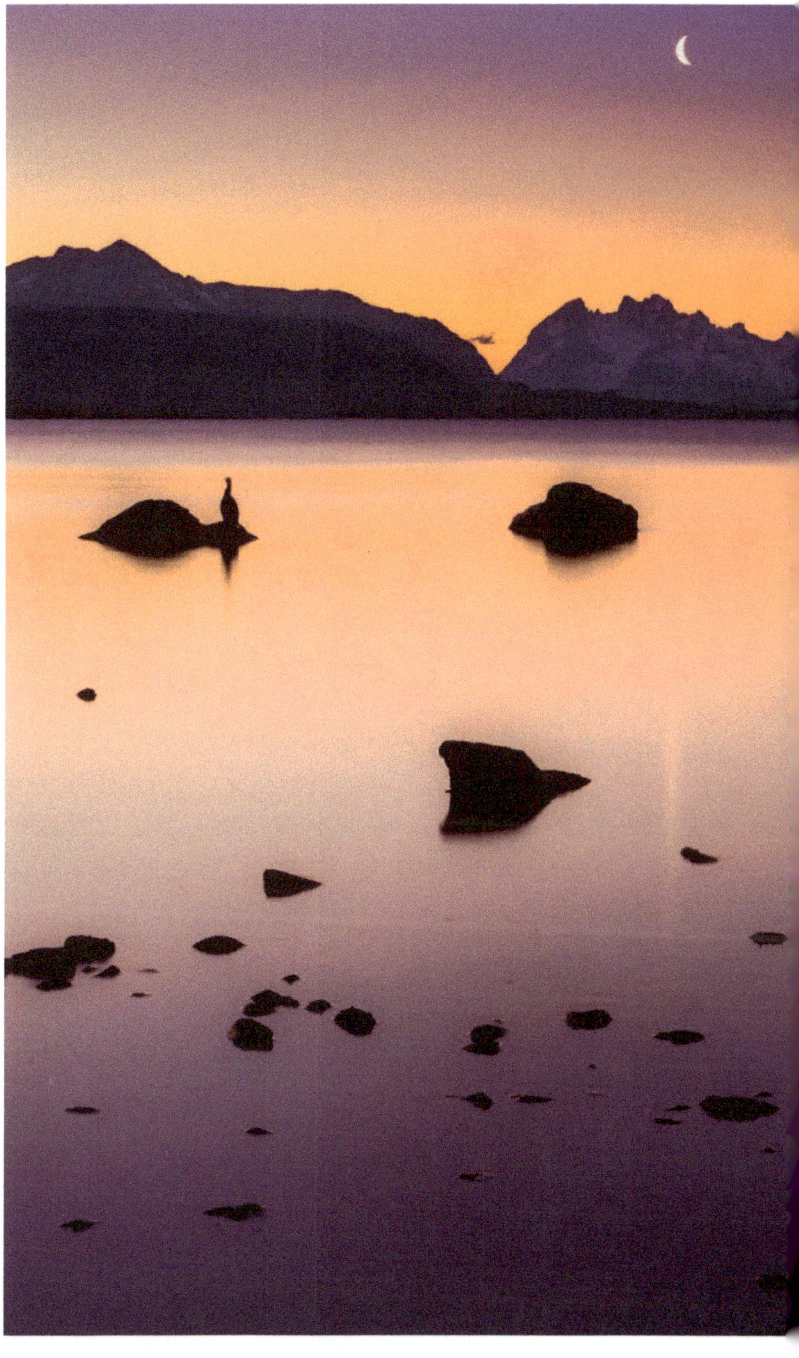

Serenity
Serenidad
Antonio Vergara

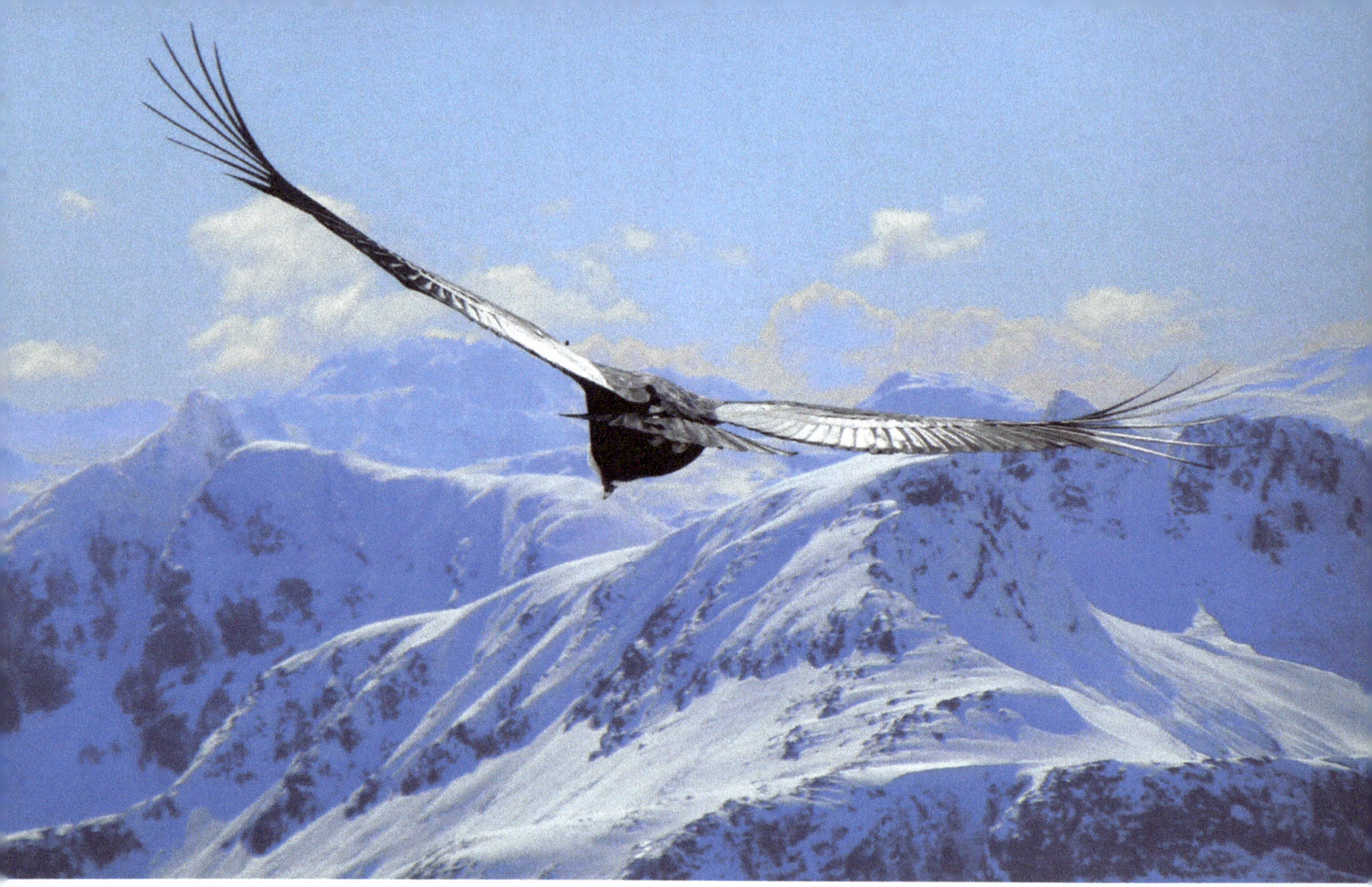

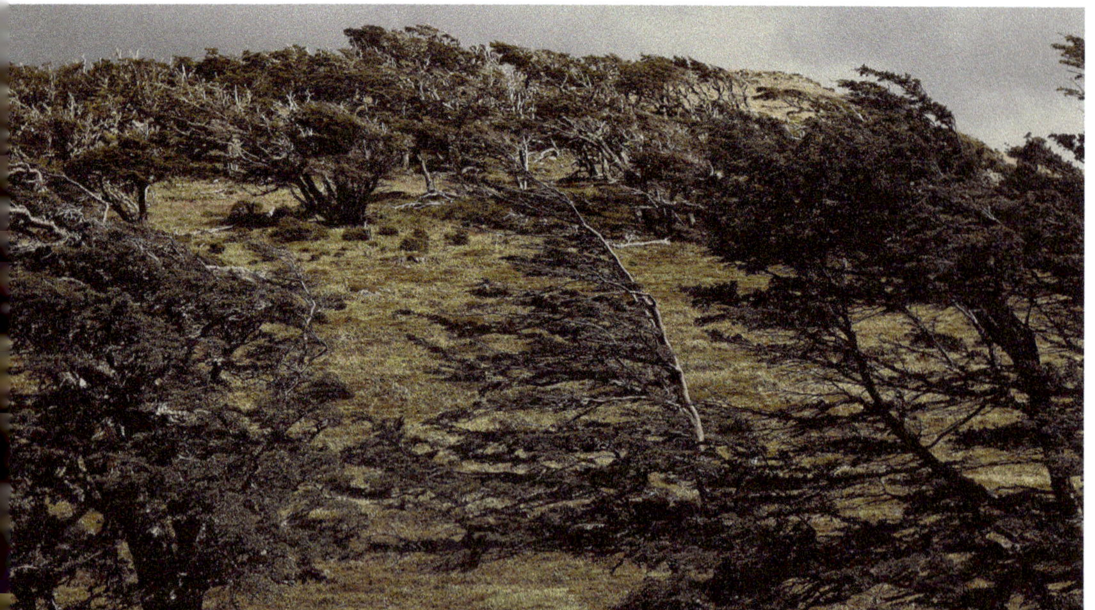

Winter flight
Vuelo invernal
Marco Poblete

Patagonia wind havoc
Estragos del viento Patagón
Constanza Dougnac

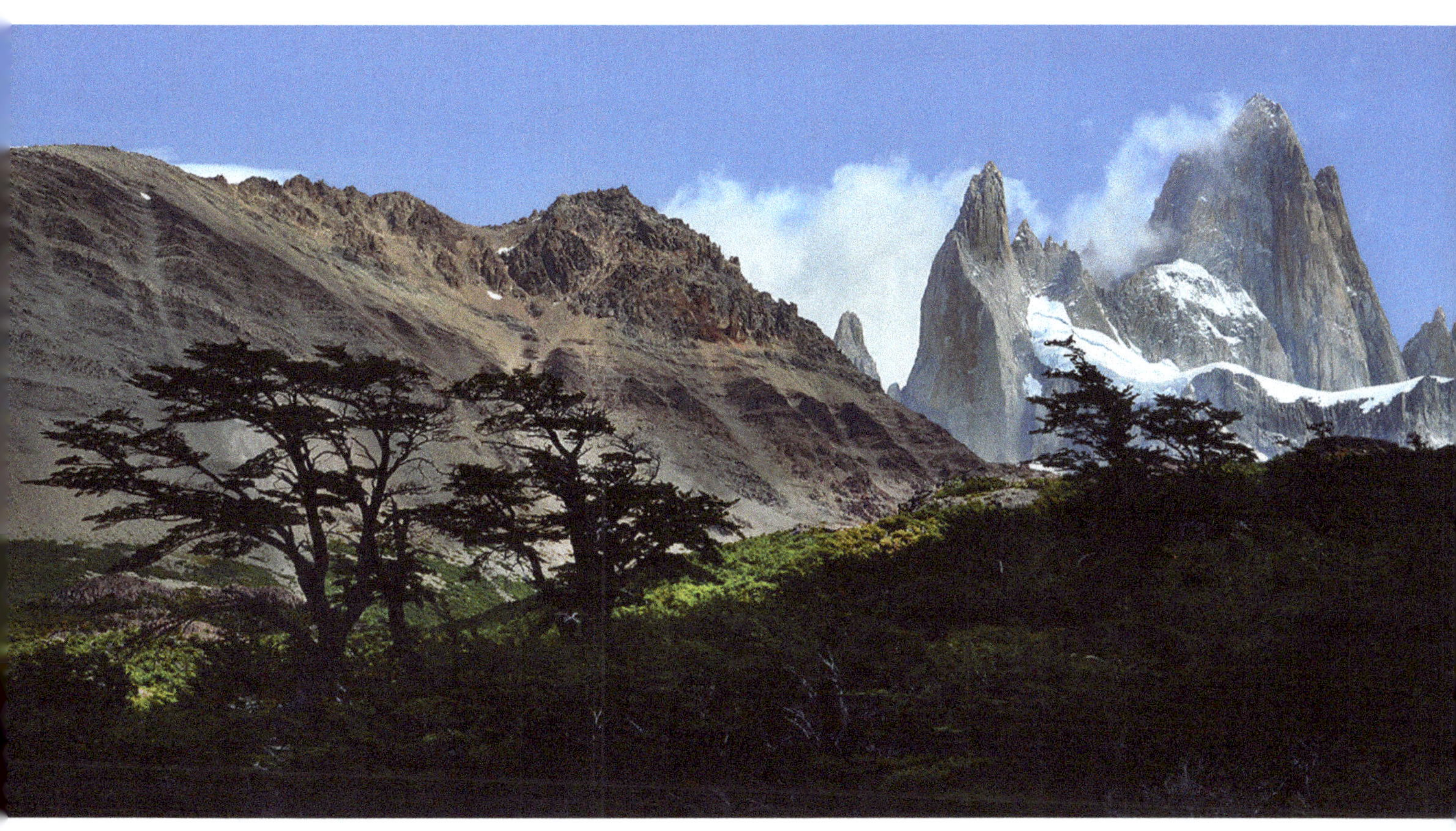

View of Mount Fitz Roy from the forest
Vista del cerro Fitz Roy desde el bosque
Norberto Ismael Cafasso

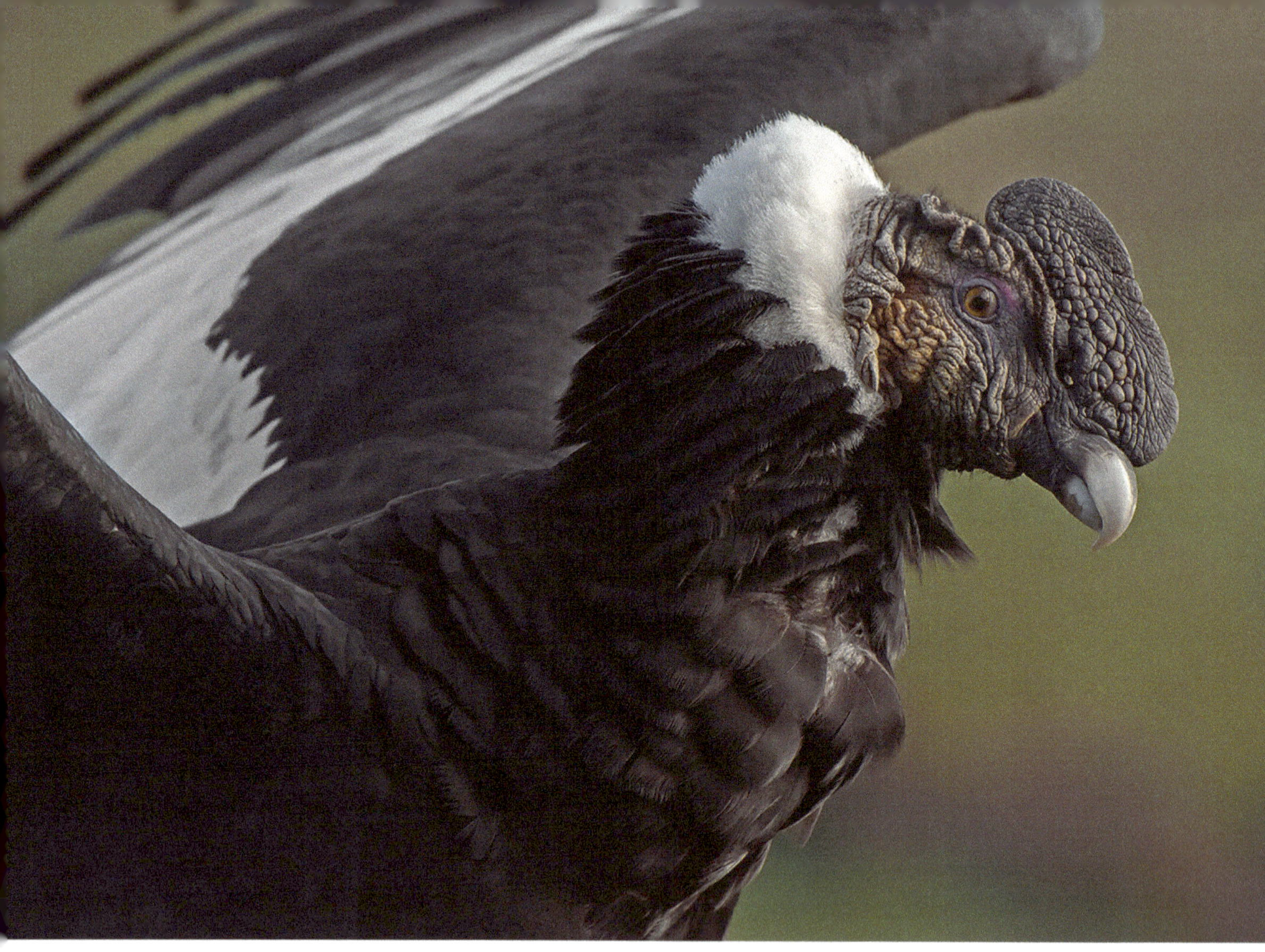

Dream encounter
Encuentro soñado
Rodrigo Munoz

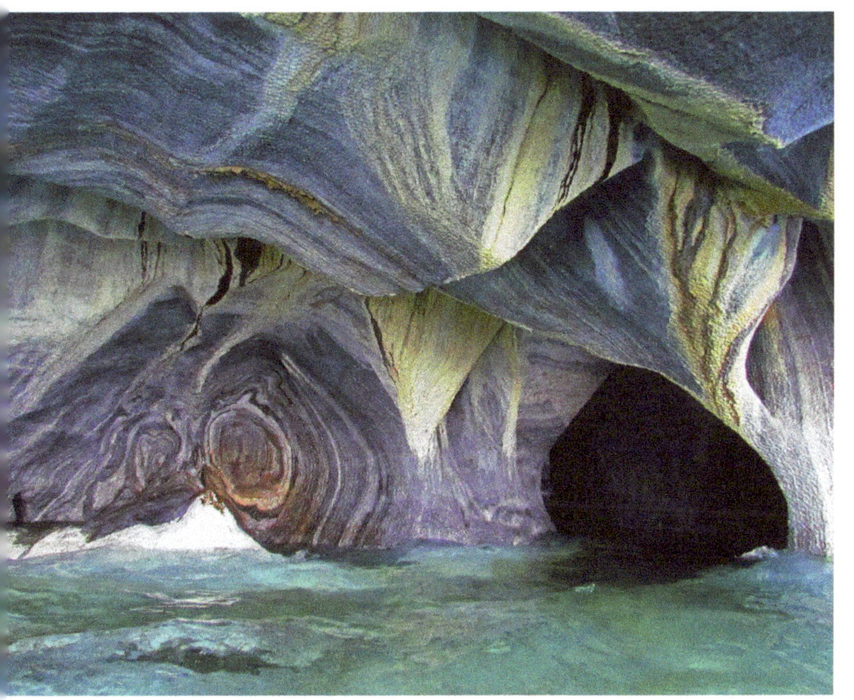

Plotting in Tierra del Fuego
Complot en Tierra del Fuego
Fernando Caro

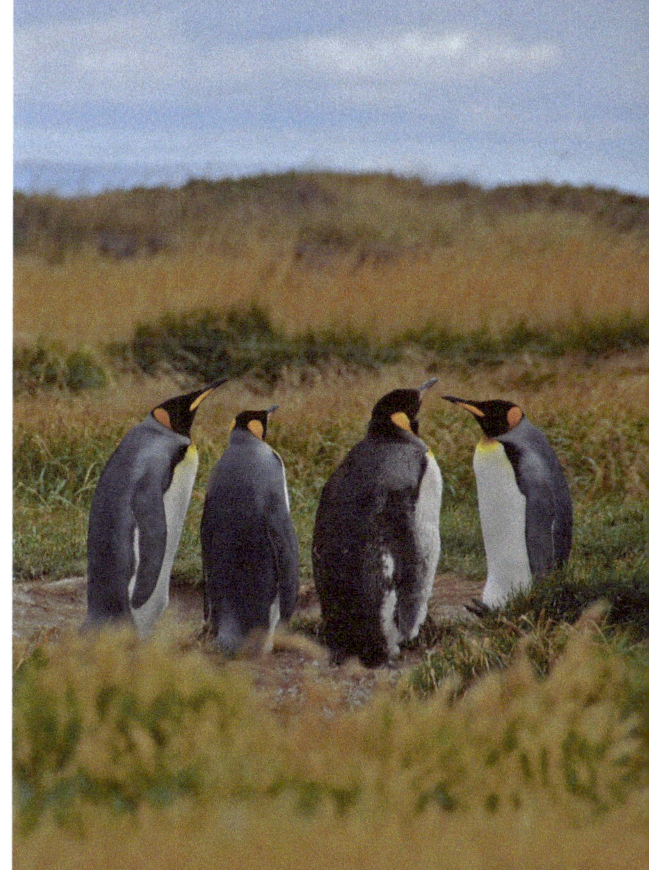

Multicolored streaks
Vetas multicolores
Geraldine Michell

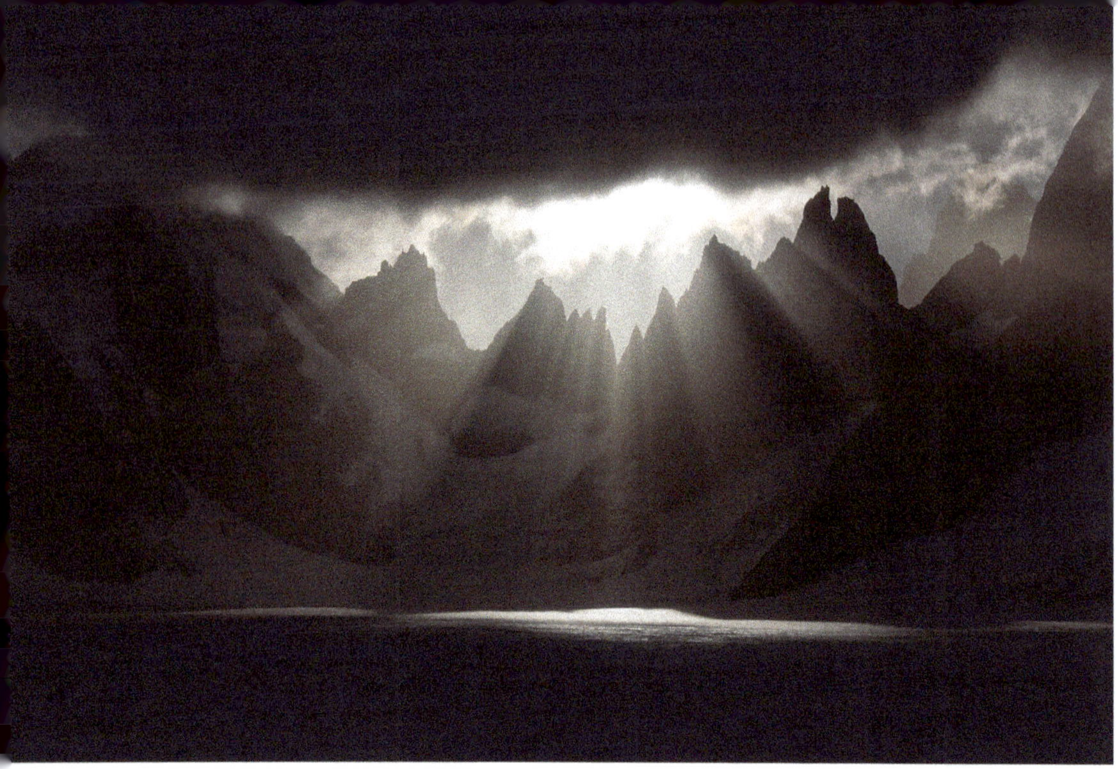

Mordor towers, Circo
de los Altares, South
Patagonian Ice Field
Torres de Mordor, Circo
de los Altares, Campo de
Hielo Sur
Arkadiusz Mytko

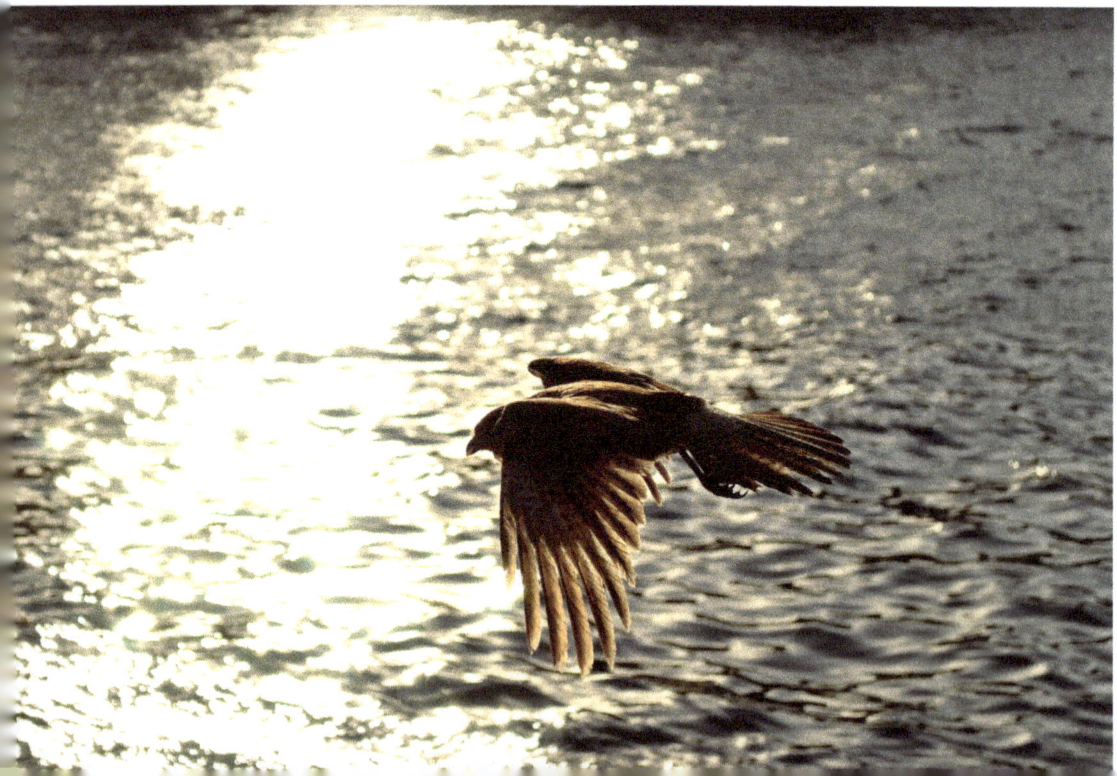

Flying over Pumalín
Sobrevolando Pumalín
Gabriel González

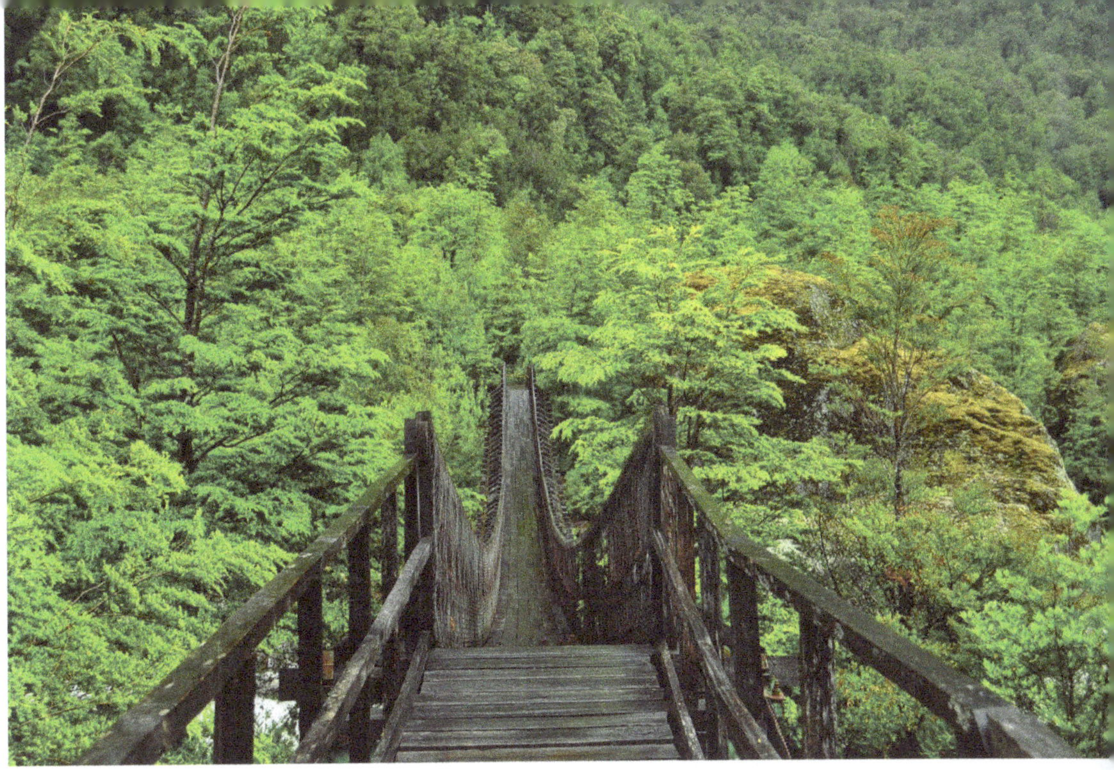

Omar Vía

Itamar Chávez

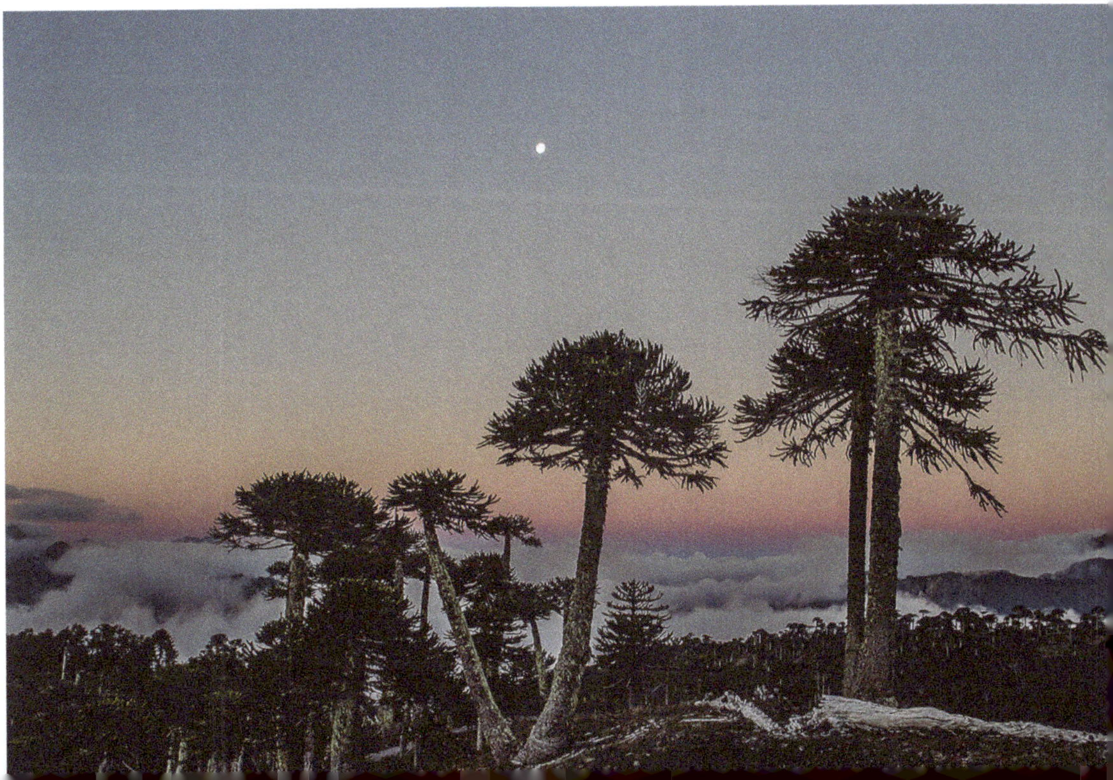

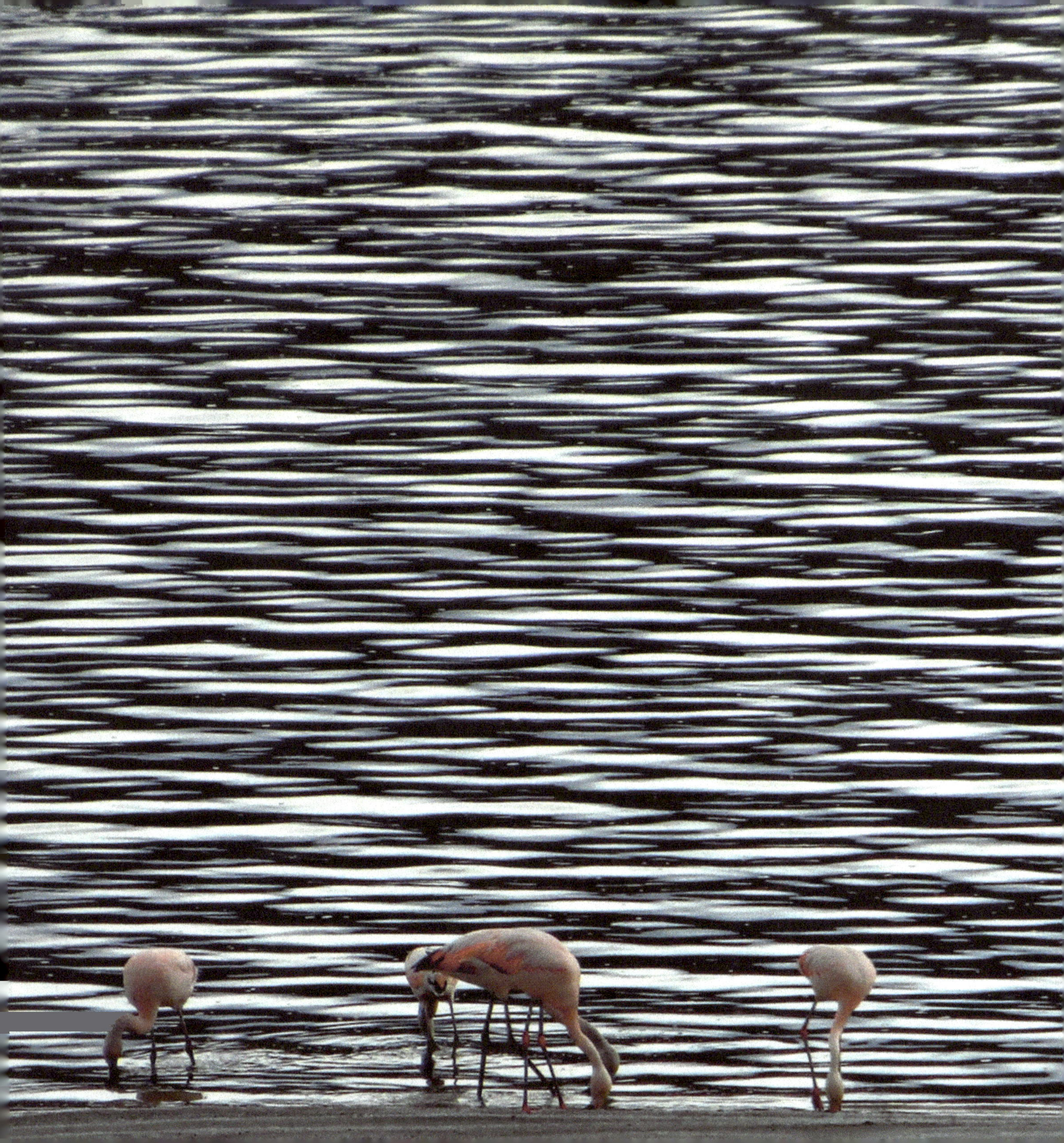

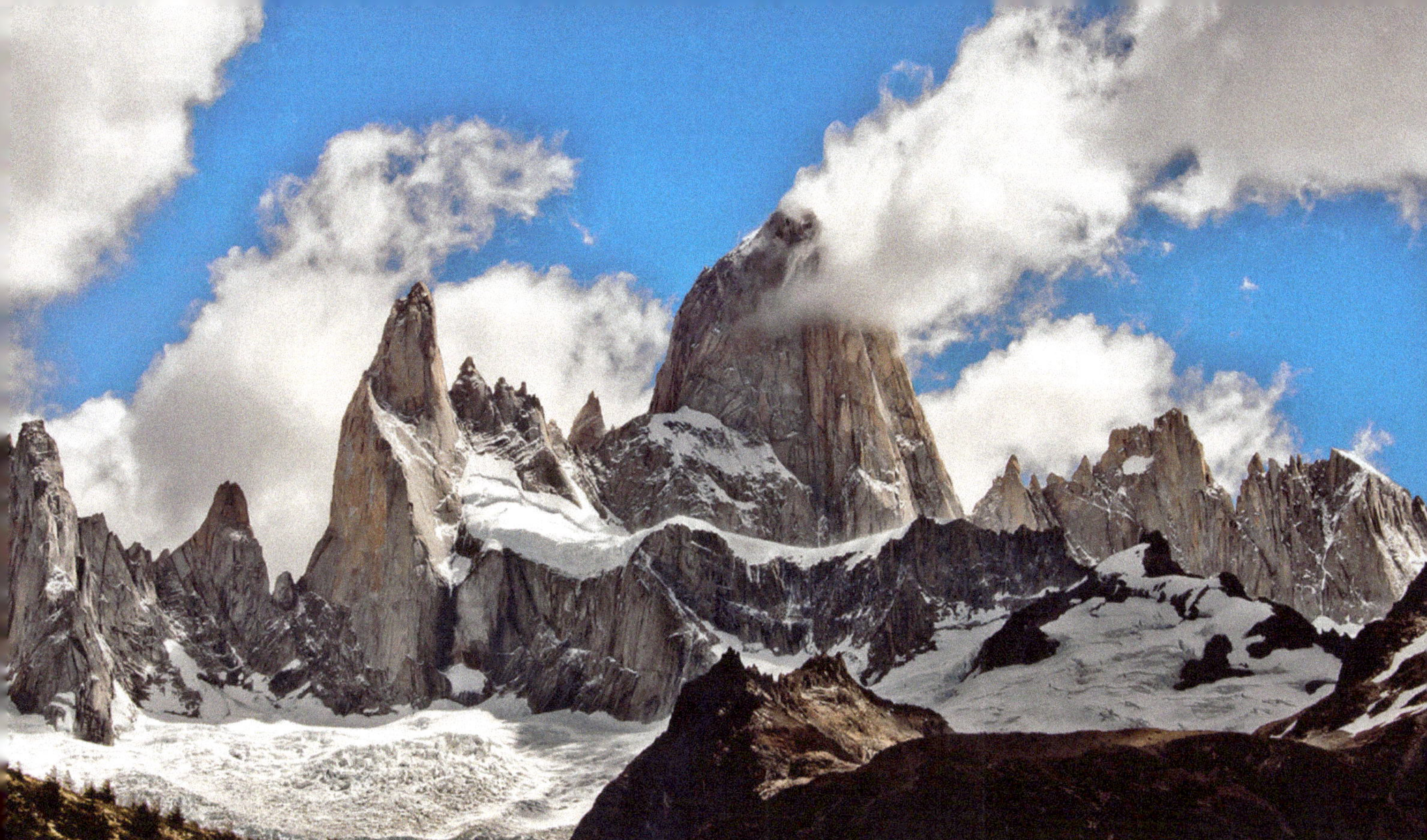

Fitz Roy
Chaltén
Néstor Riera

Weave in the water with flamingos
Trama en el agua con flamencos
Cristián Barrera

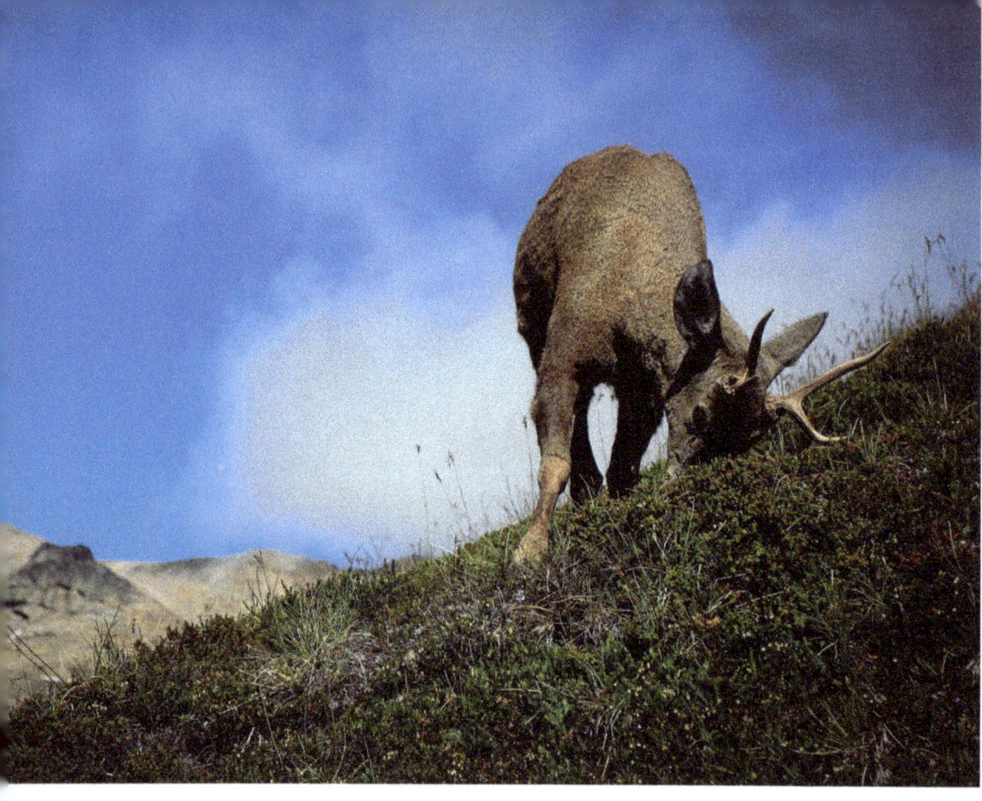

Huemul at Cerro Castillo
Huemúl en Cerro Castillo
Steve Behaeghel

Con con (below left - abajo izquierda)
Roberto Eastman

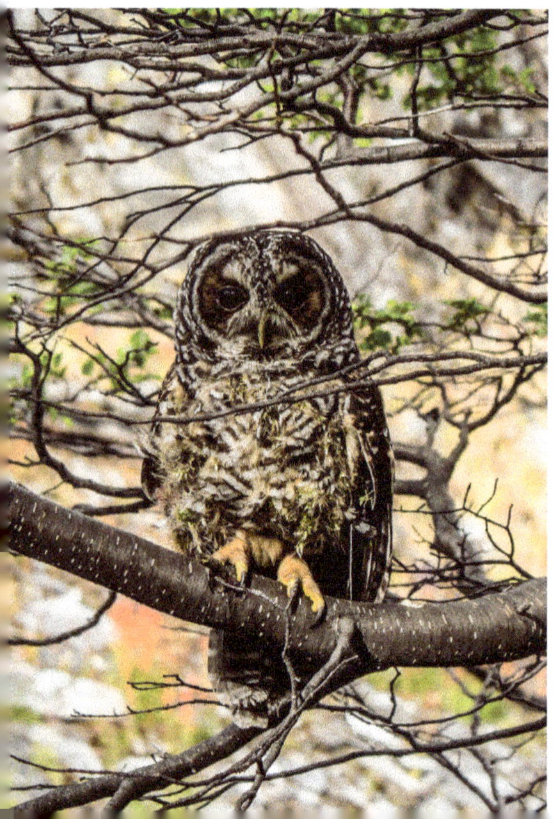

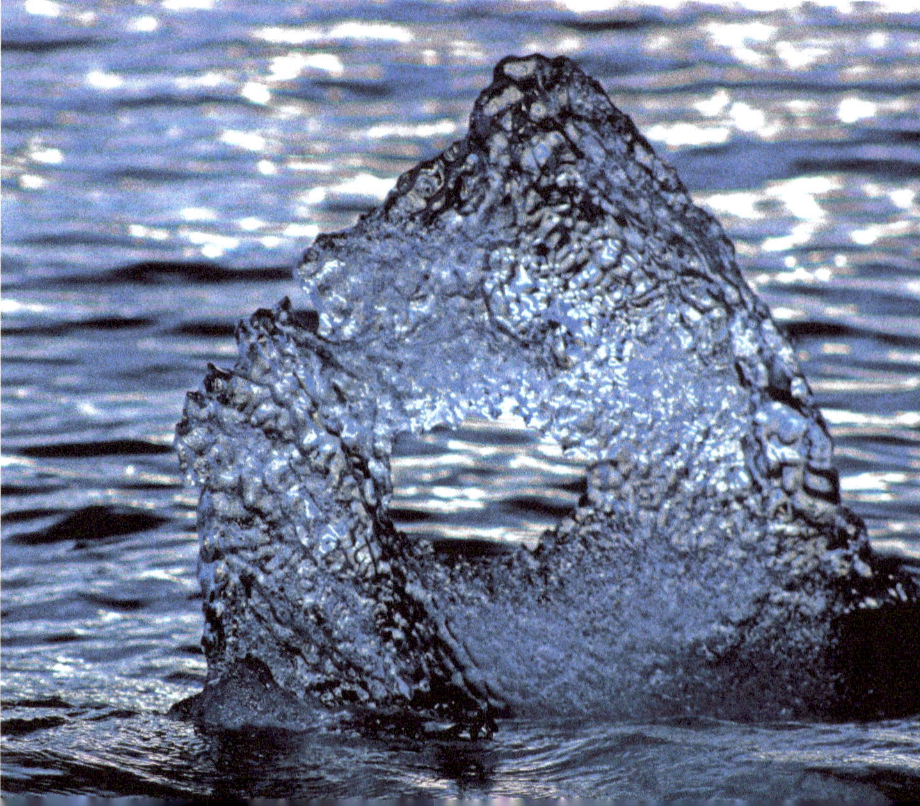

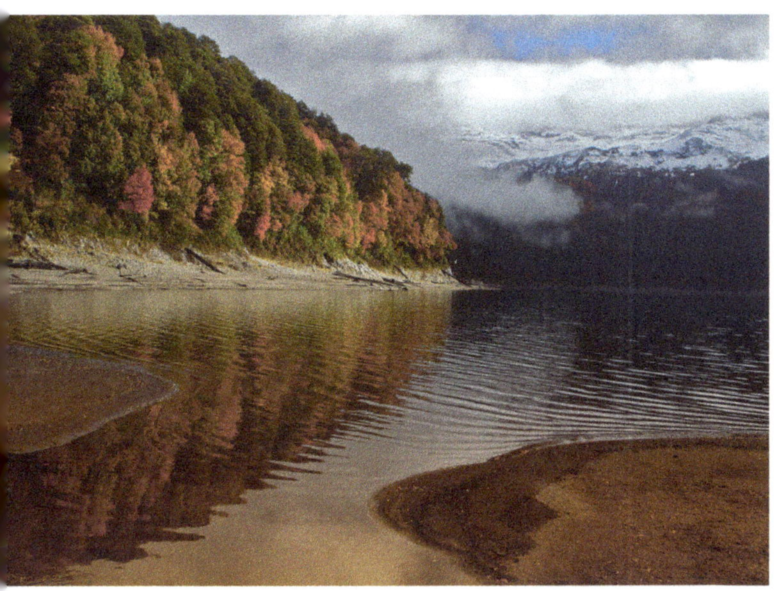

◁ Millenial ice
Hielo milenario
Alex Rojas

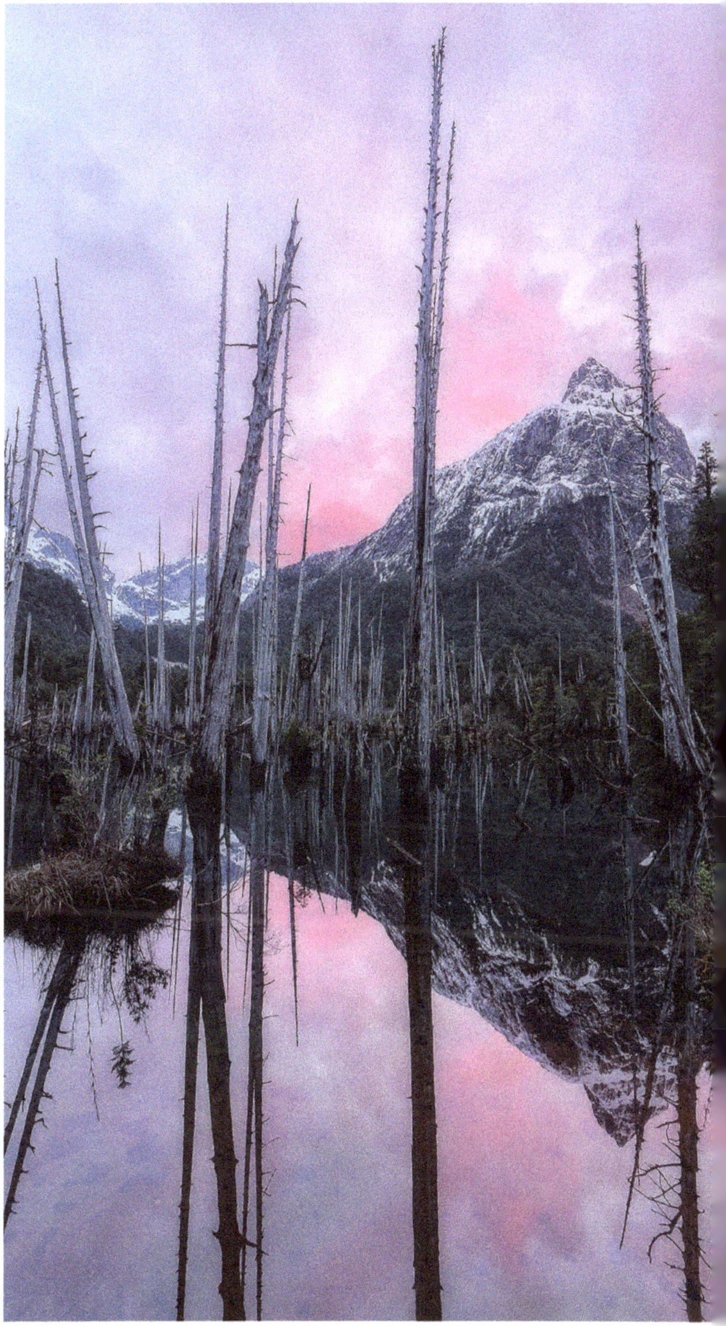

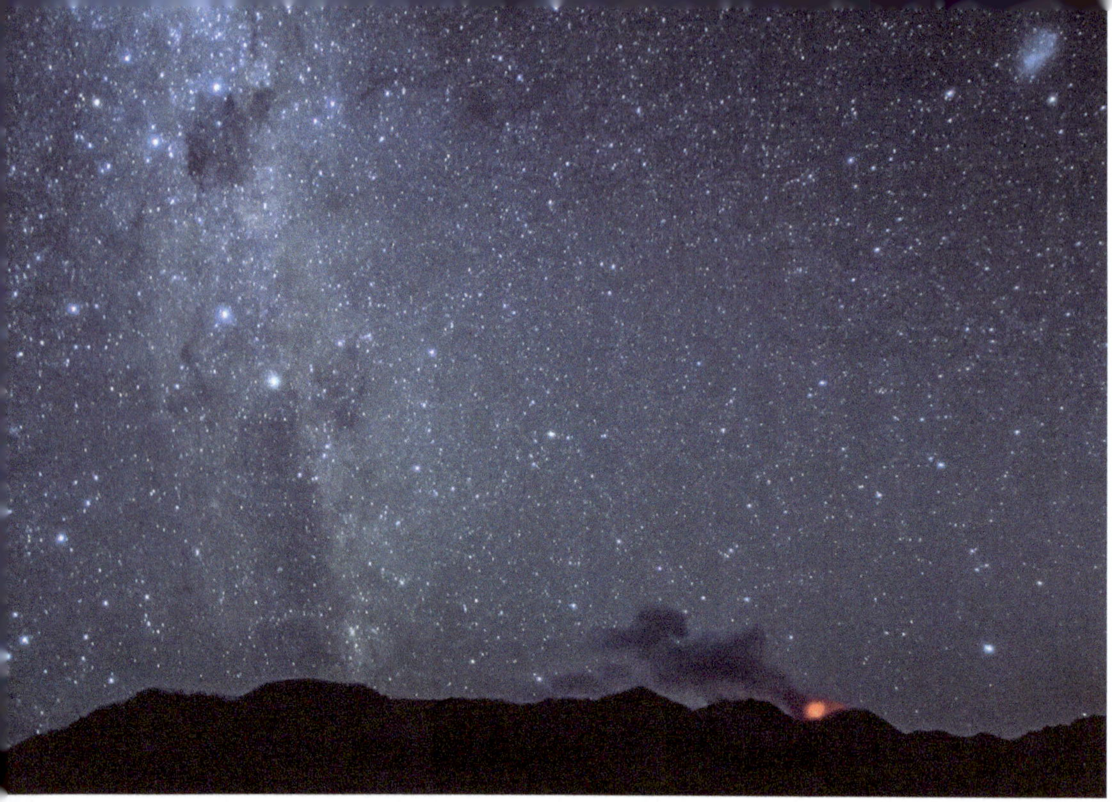

Milk and honey
Leche y miel
Juan Sanhueza

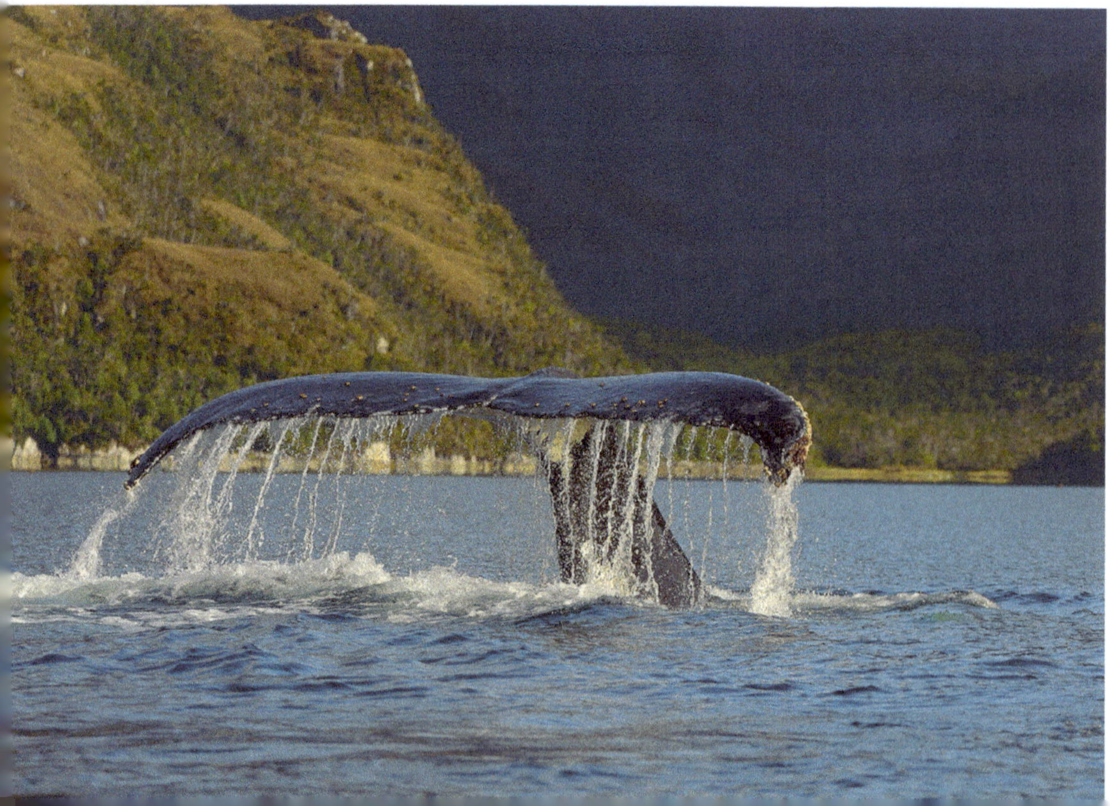

Humpback whale
descending
Jorobada en descenso
Matías Pinto

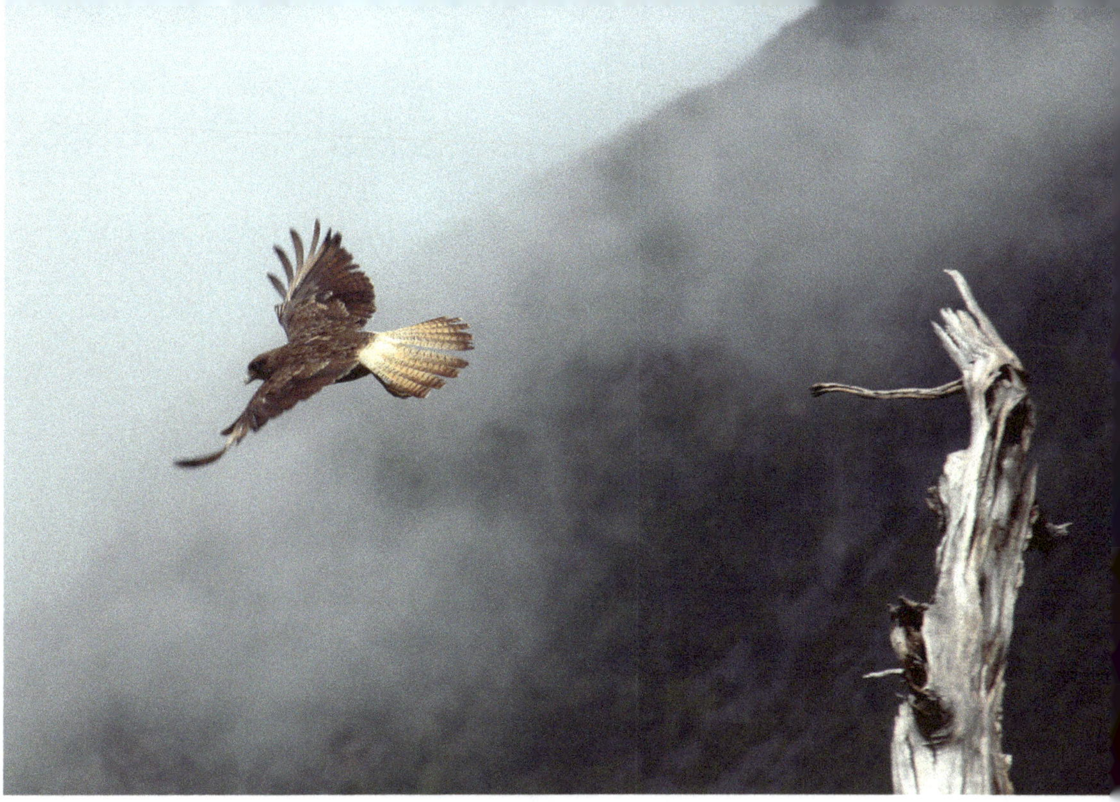

Taking flight
Emprendiendo vuelo
Leandro Wieczorek

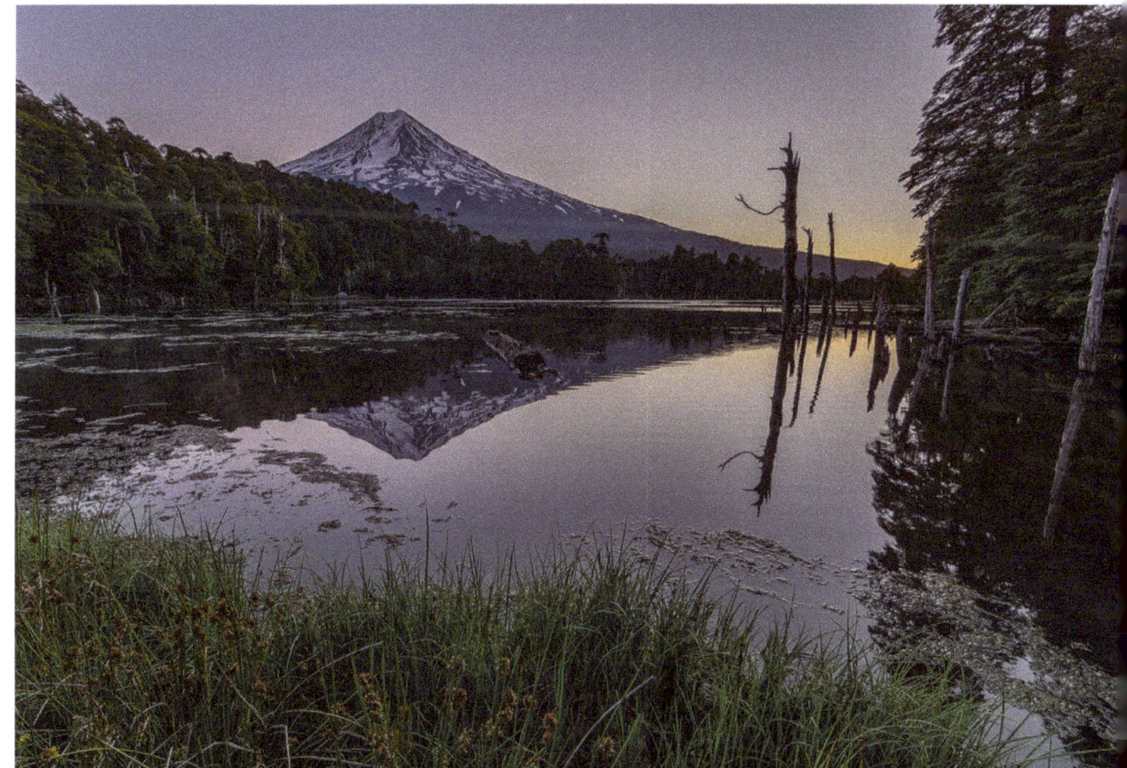

Last summer light
Última luz de verano
Sergio Mateluna

environment | medioambiente

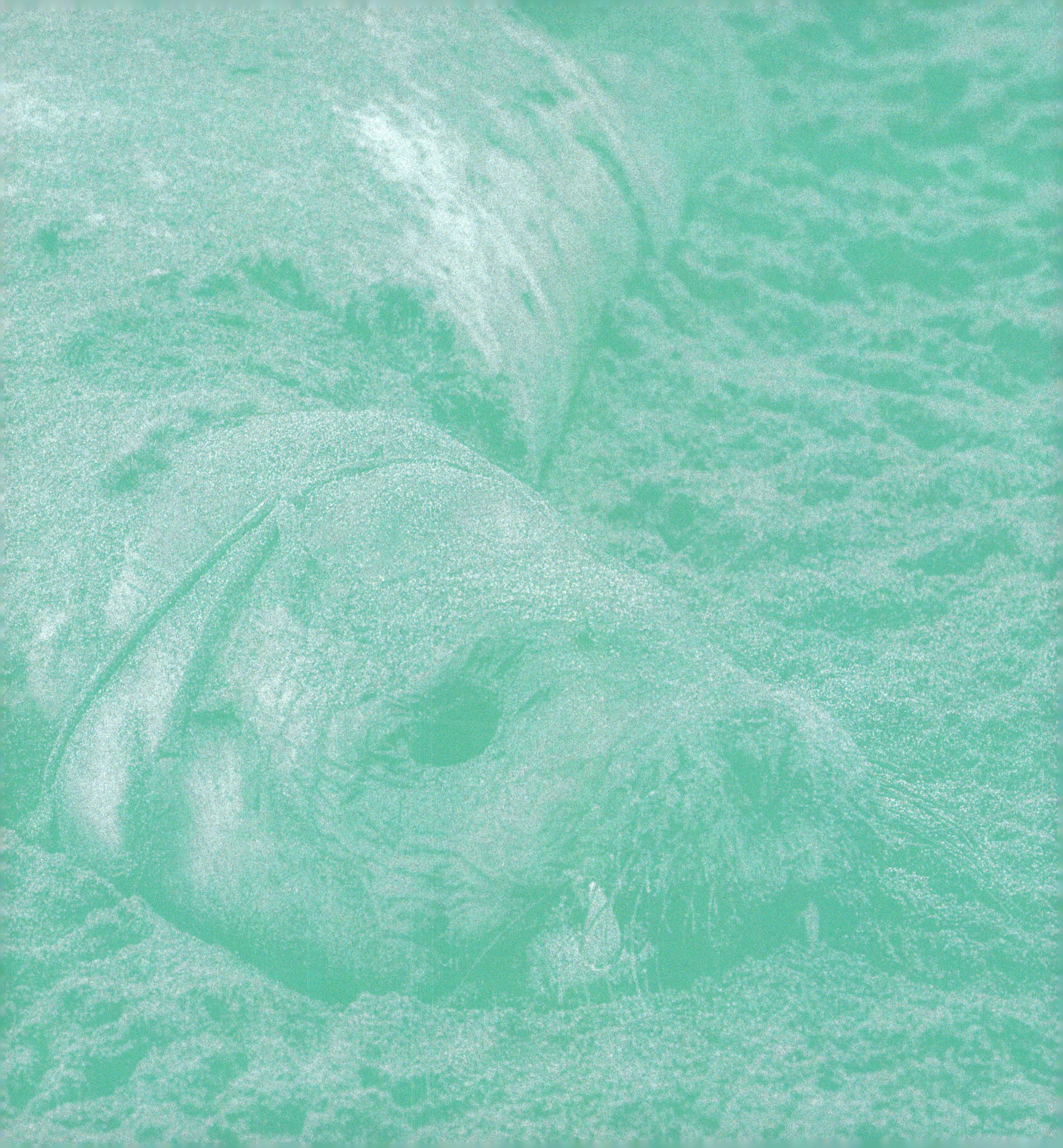

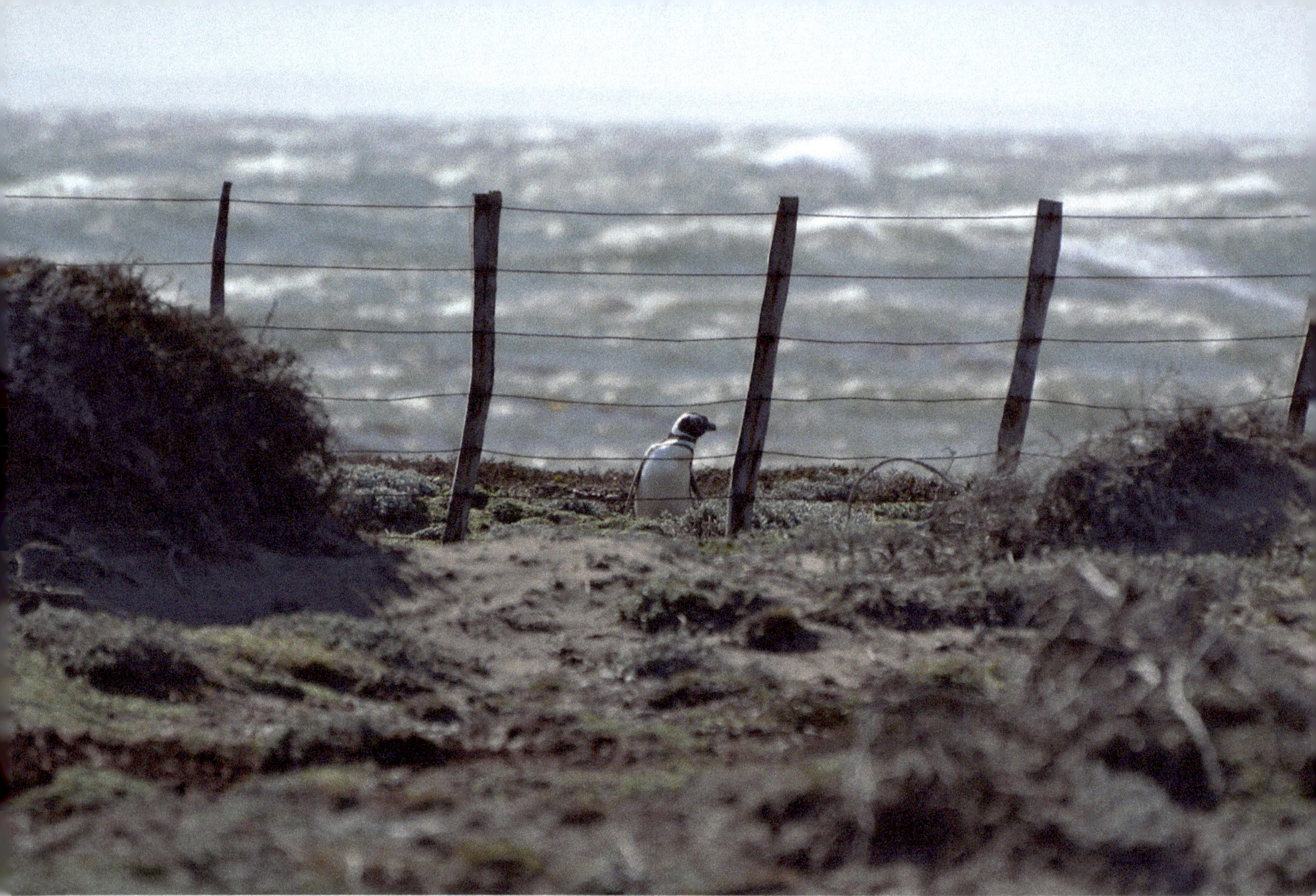

Caging free penguins
Enjaulando a pingüinos libres
Camilo Concha Sermini

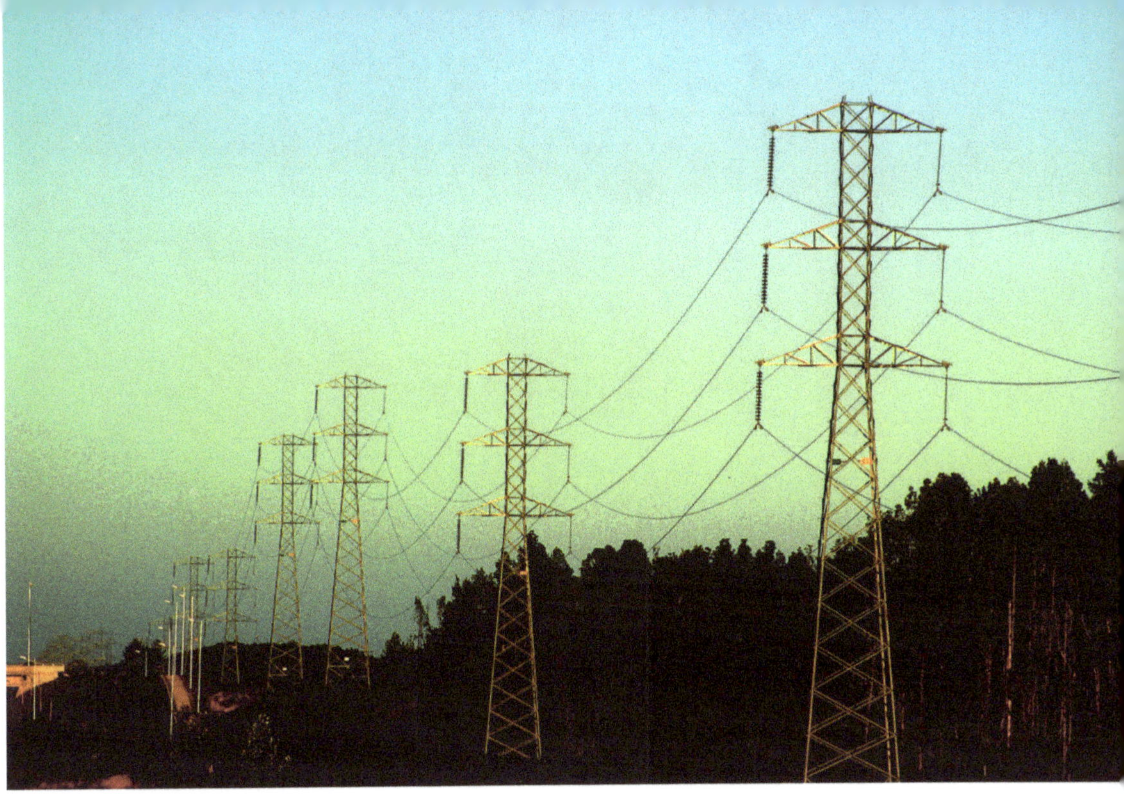

The new forests
of southern Chile
Nuevos bosques
del sur de Chile
Domingo Alarcón

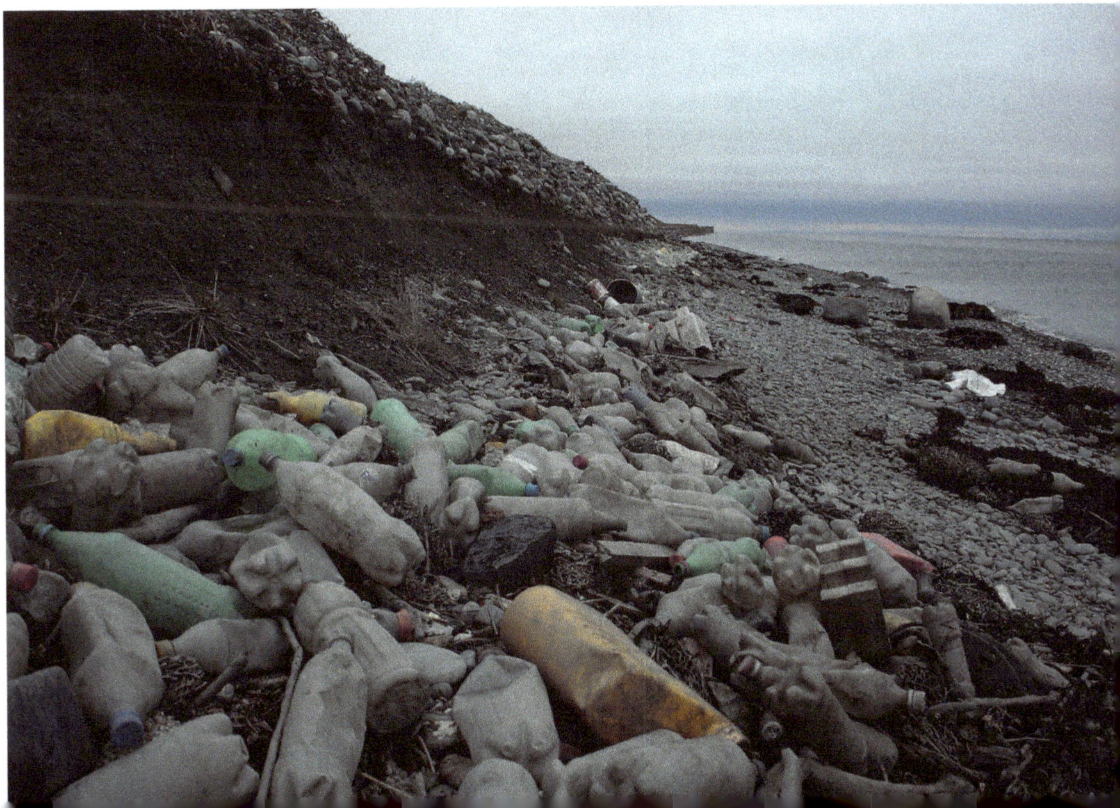

Where are we going?
¿A donde vamos?
Thierry Dupradou

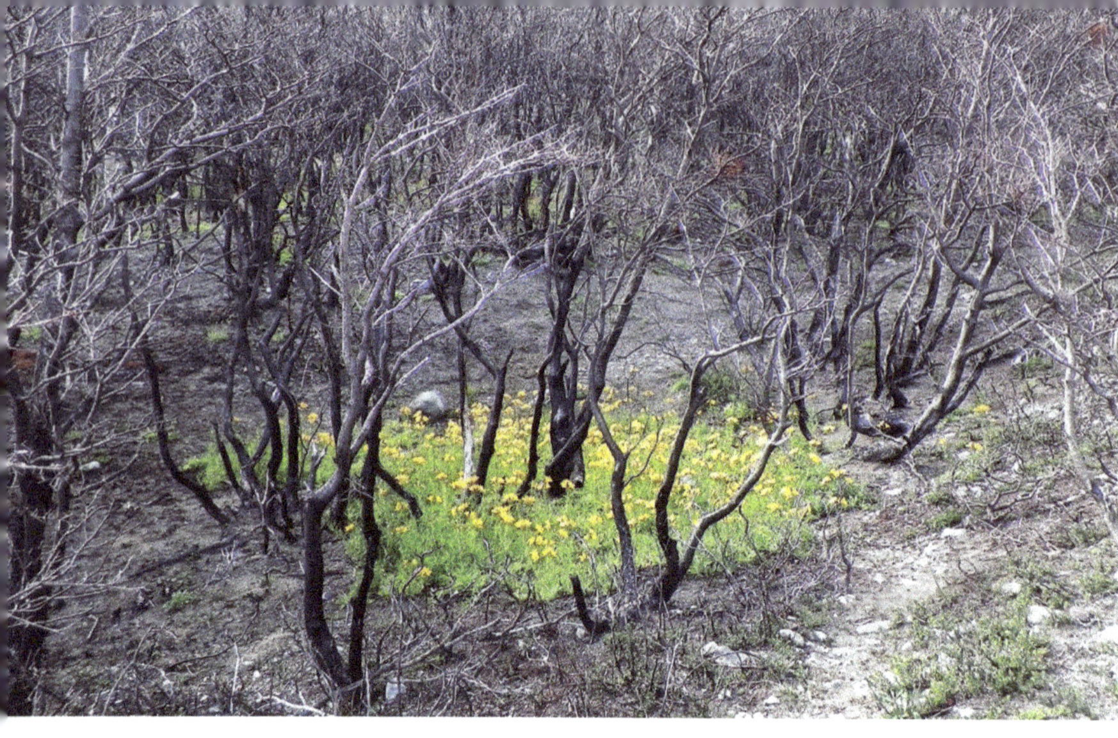

Oasis
José Vargas Paredes

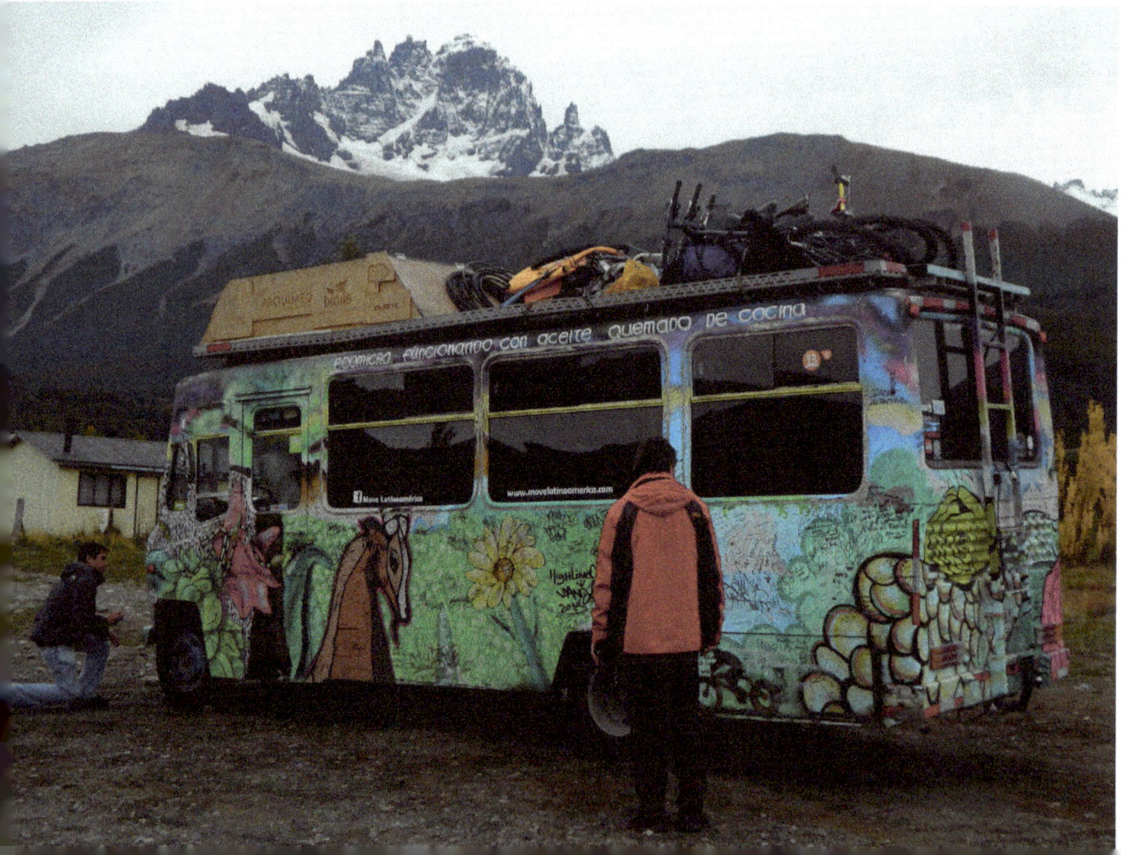

EcoTransportation
EcoTransporte
Ignacio Quezada

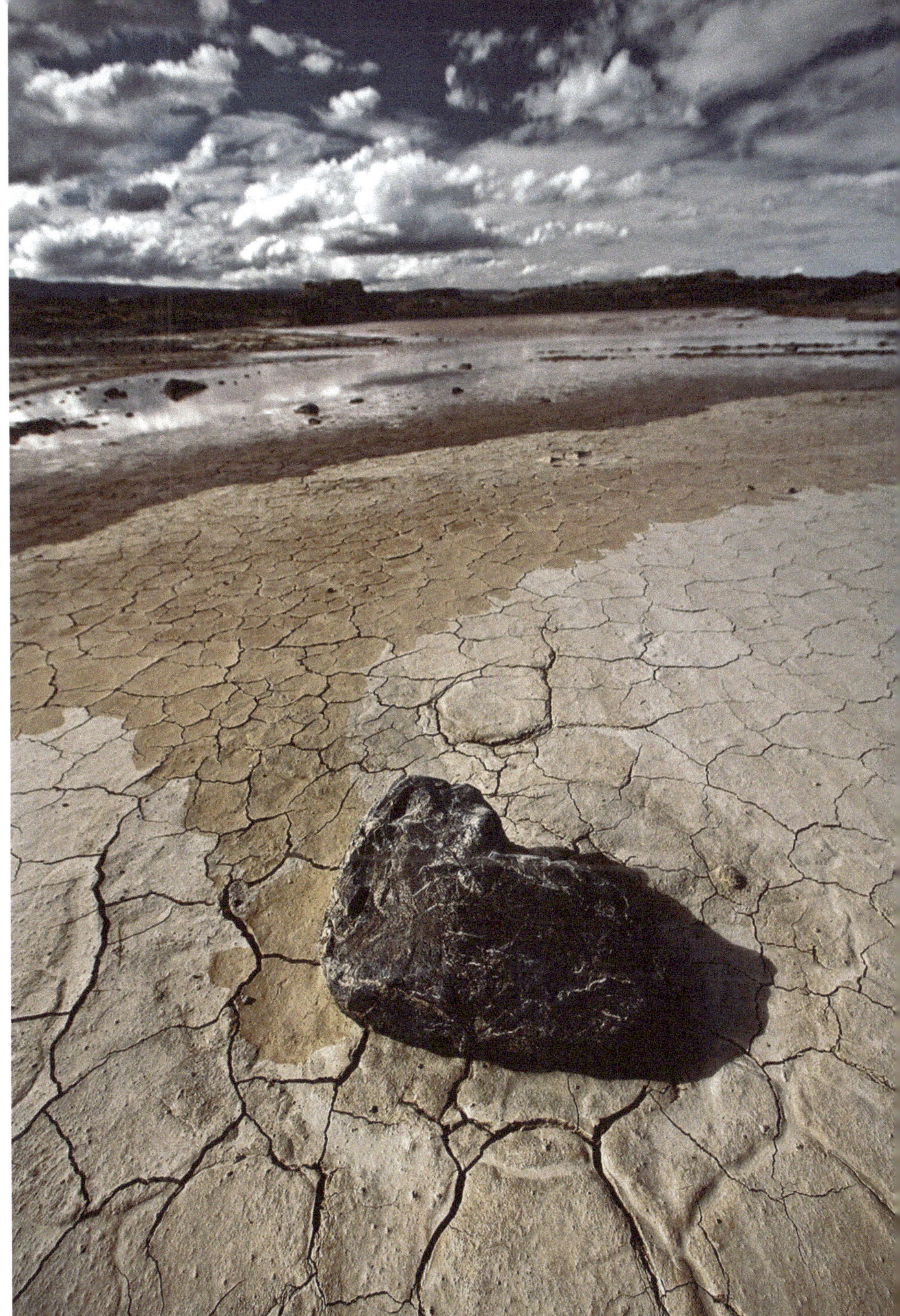

Aridity
Aridez
Martin Bordagaray

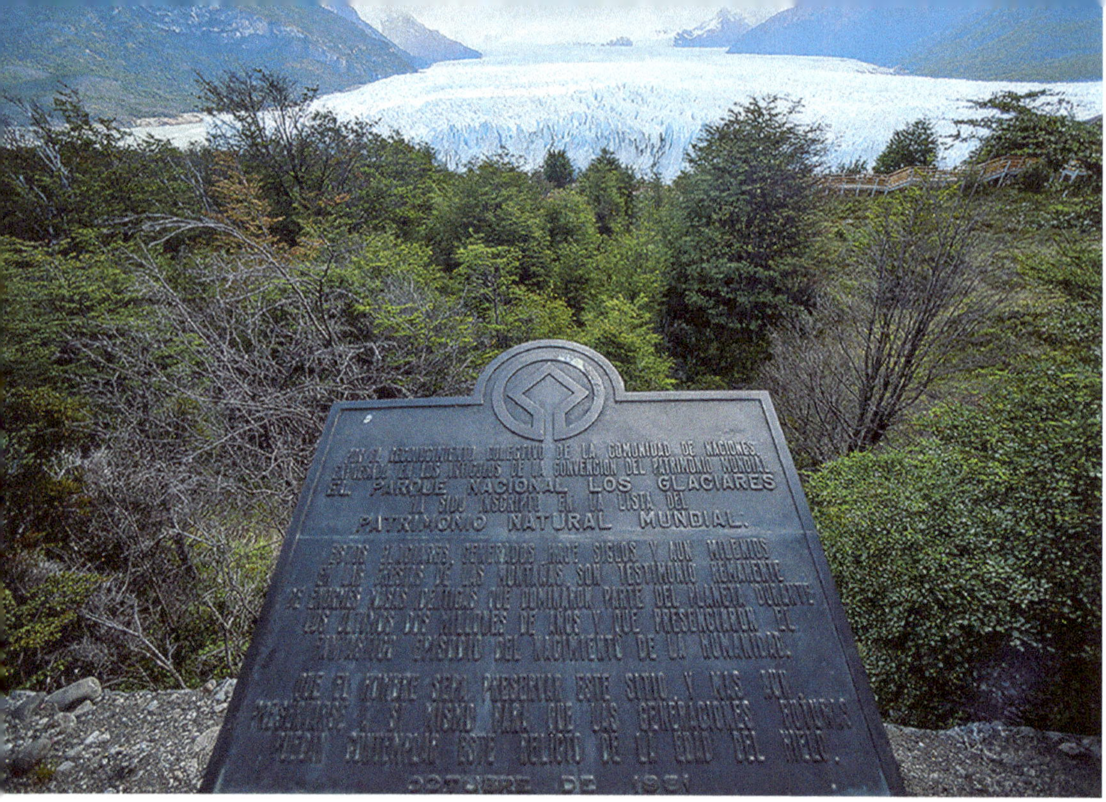

World Heritage
Patrimonio Mundial
Mario Guatti

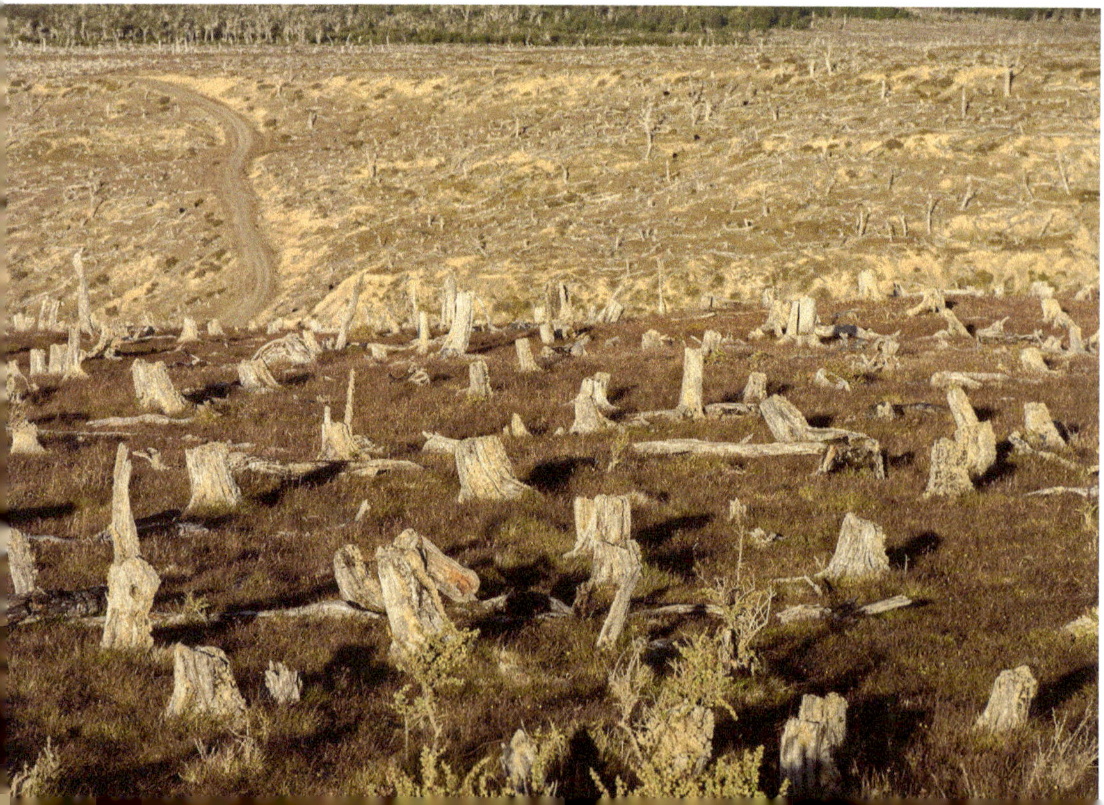

Dead forests
Los bosques muertos
Rodrigo Muñoz

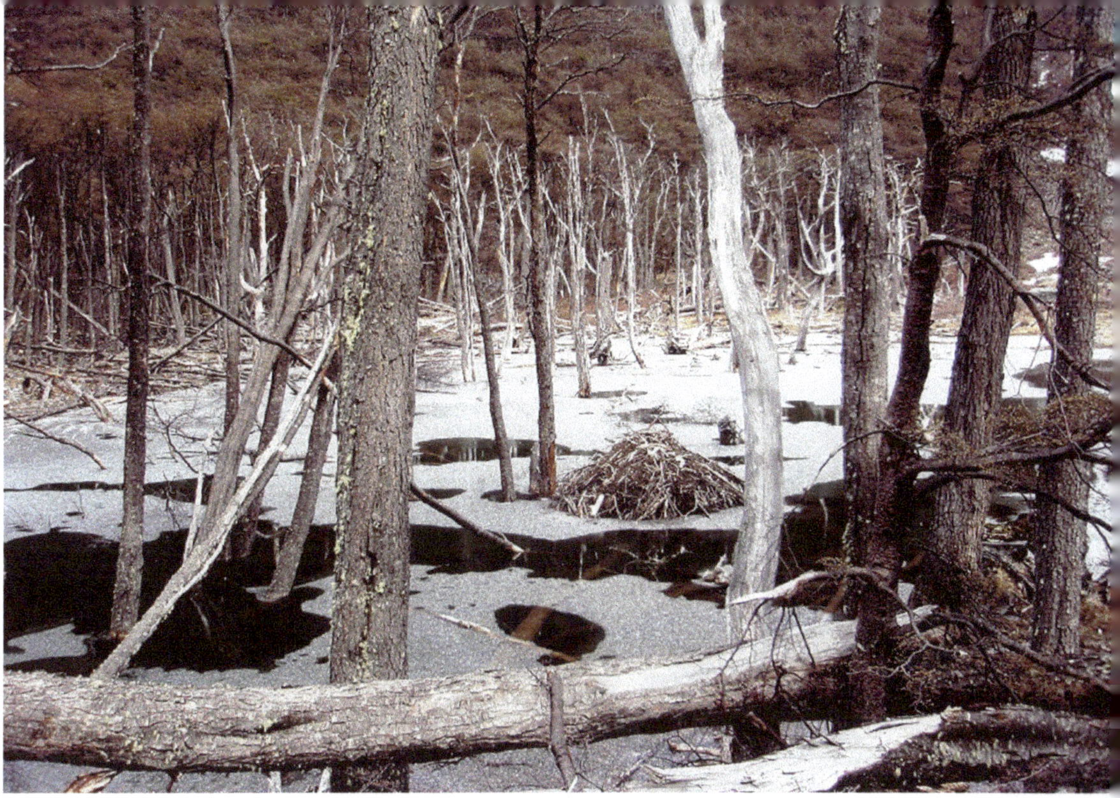

The terrible impact
of the beavers
El impacto terrible
de los castores
Kora Menegoz

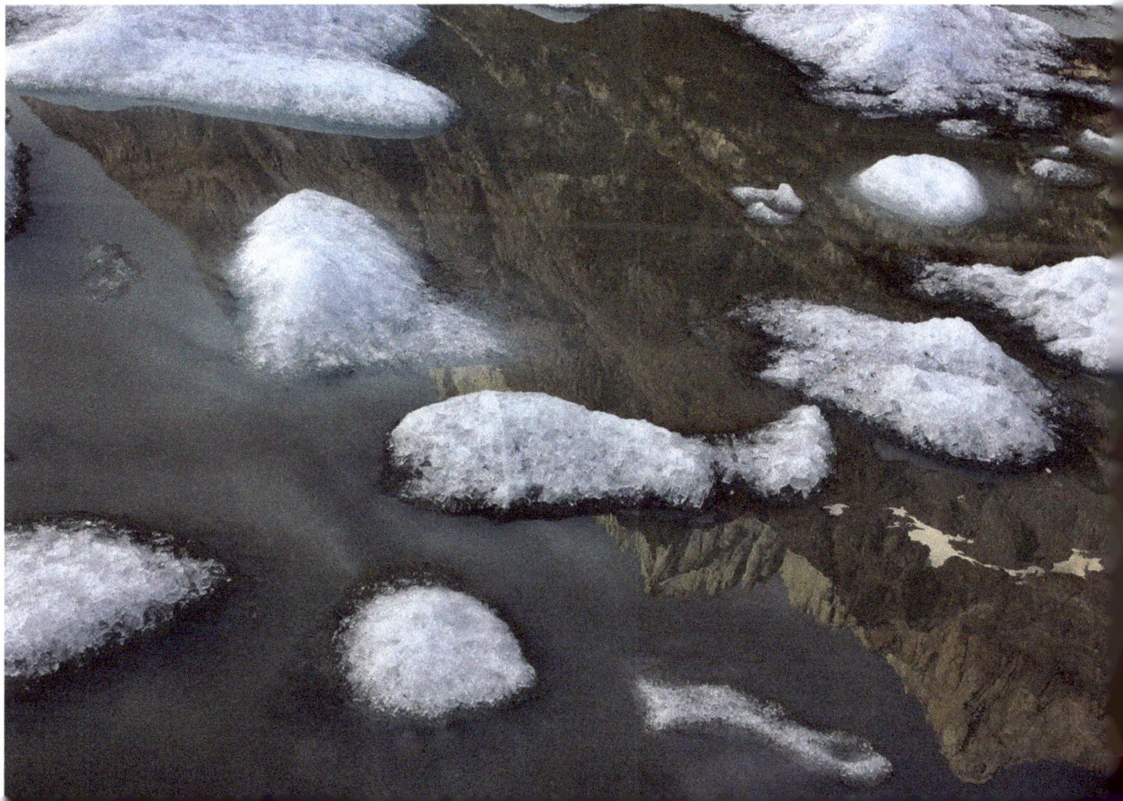

Sky meltdown
Cielo del deshielo
Alejandro Lattes

The beauty of disaster
La belleza del desastre
Nicolás Lagos

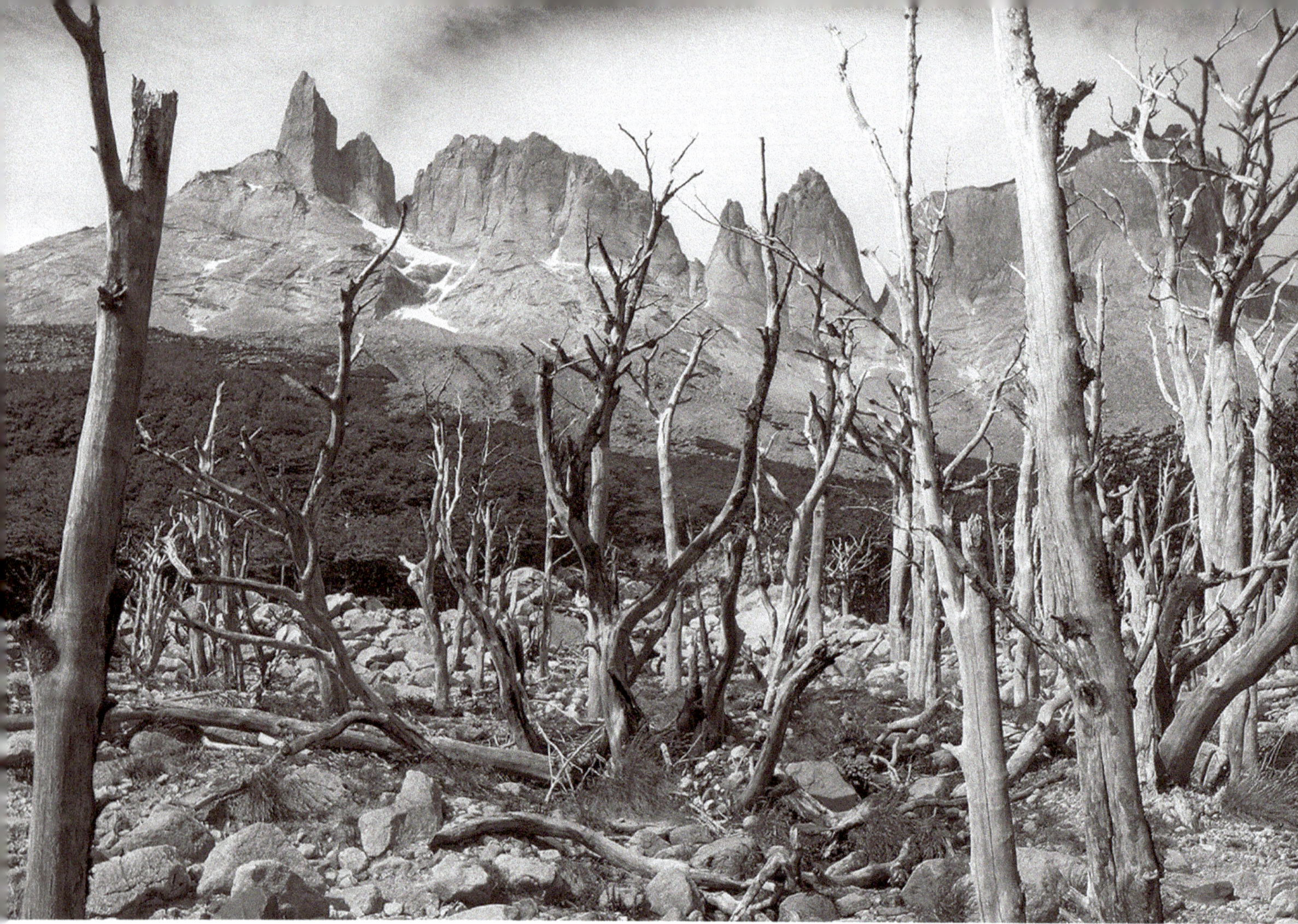

54

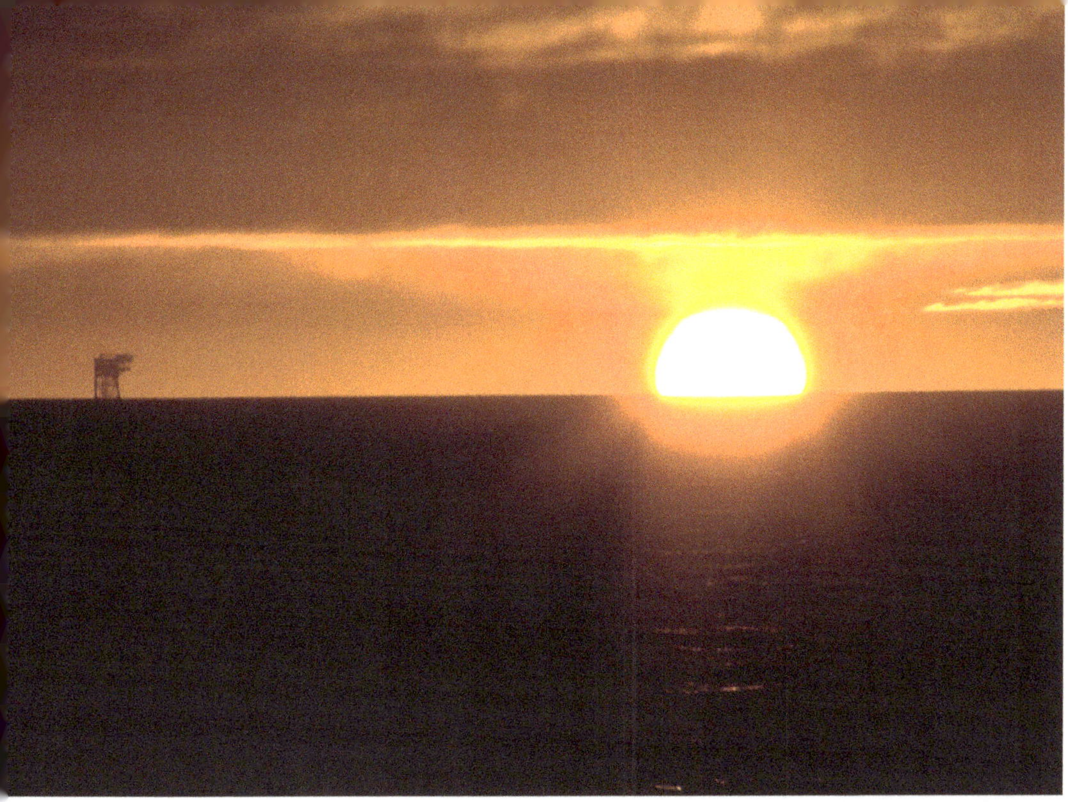

Opposing suns
Soles opuestos
Hernán Mondino

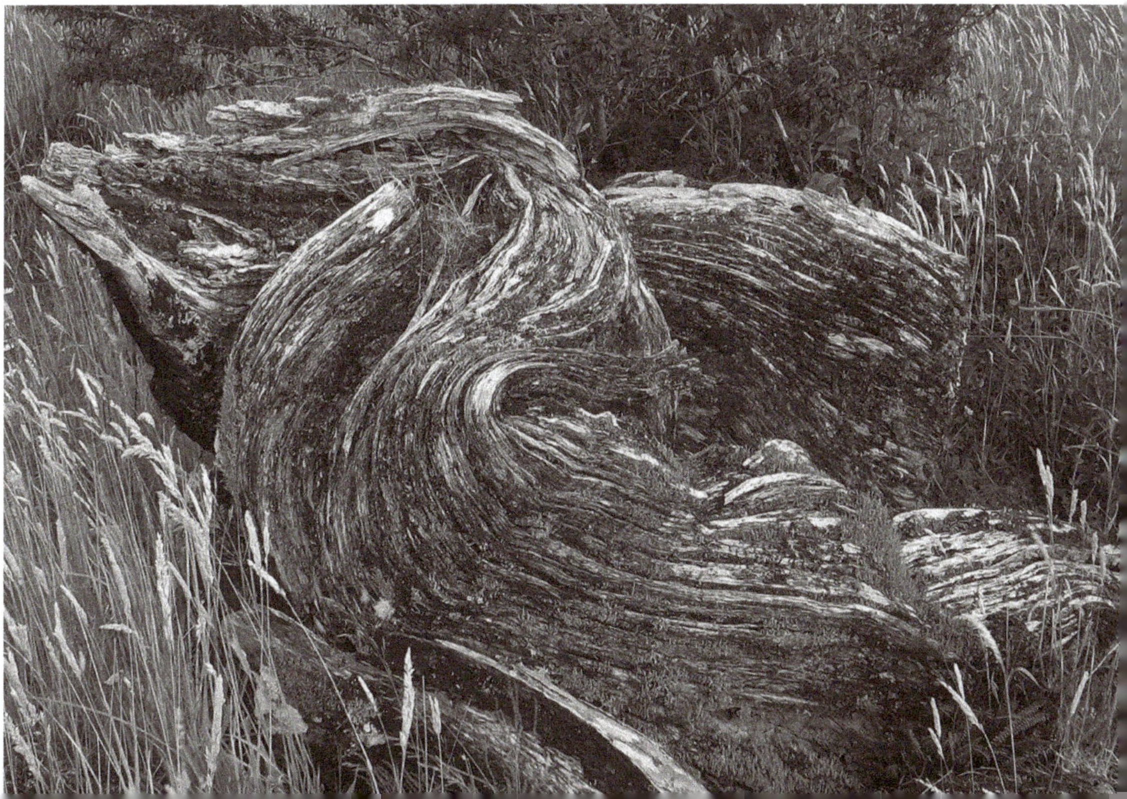

The fall
La caída
Juan Pablo Valenzuela

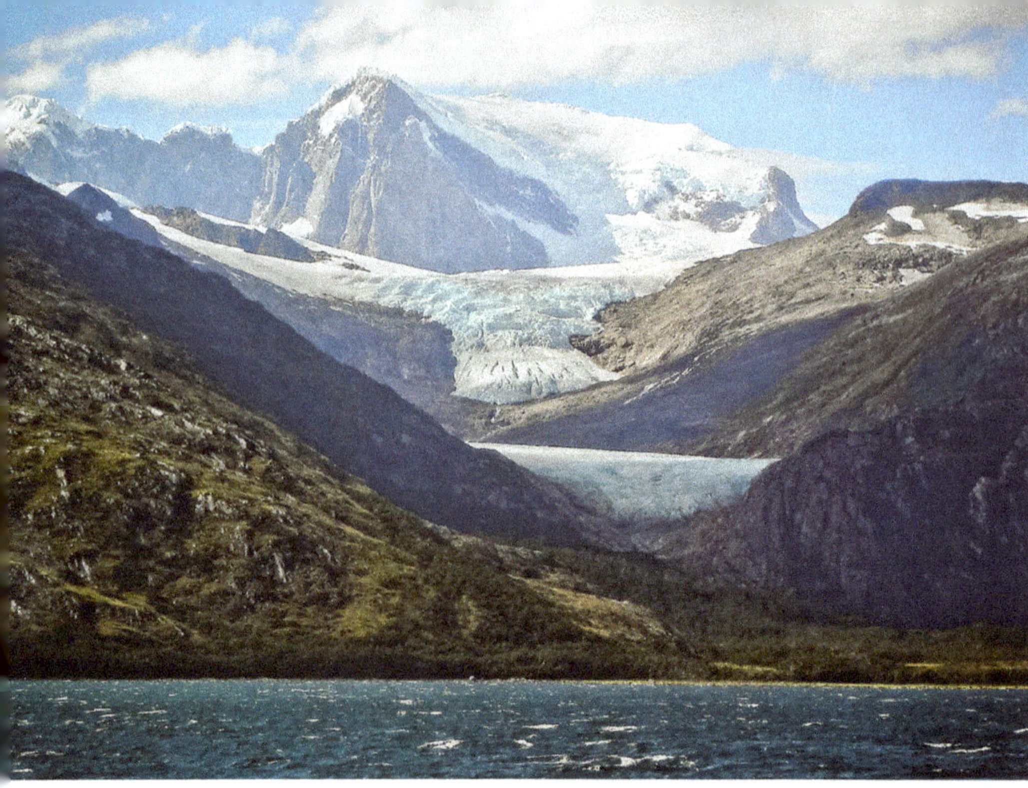

Devolution
Involucionando
Karina Severín

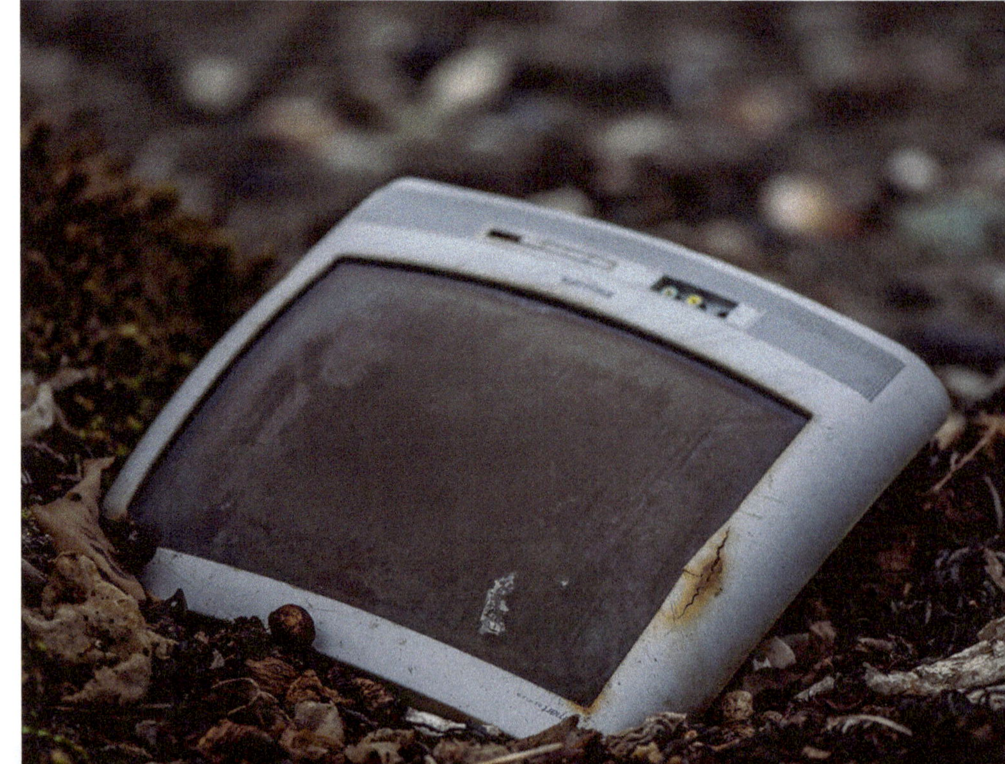

TV among penguins
Televisor entre pingüinos
Daniel Tauste

56

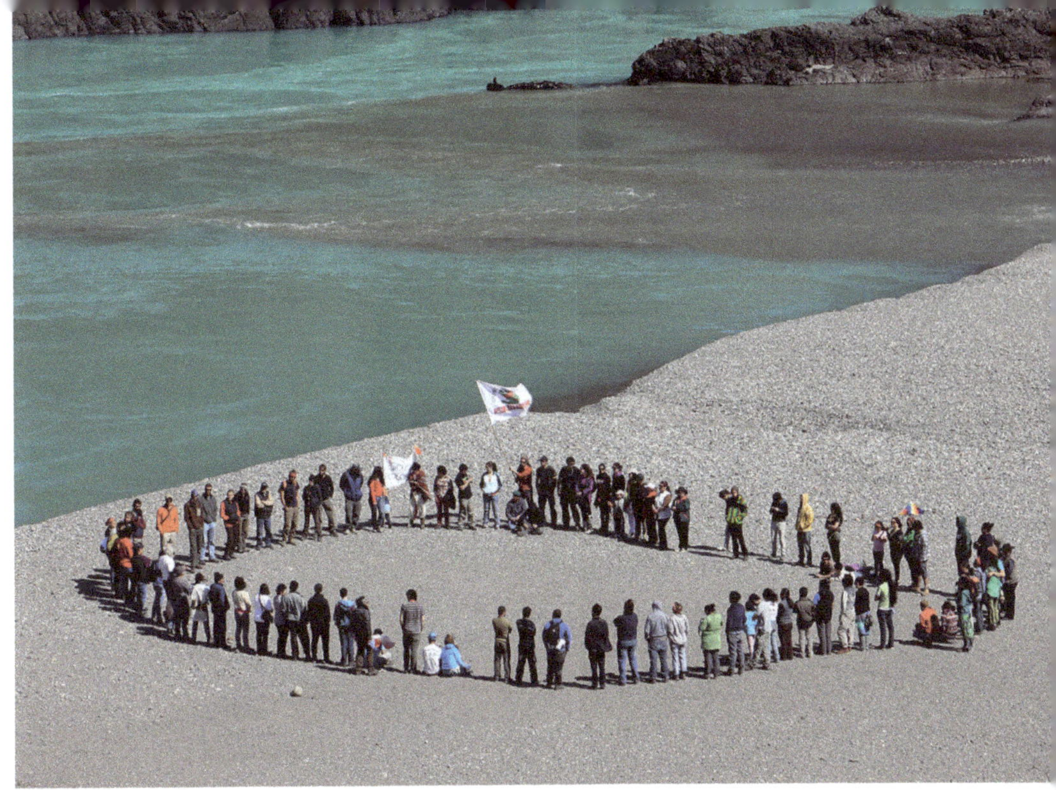

Gathering for free rivers
Asamblea por los ríos libres
Carlos Pérez

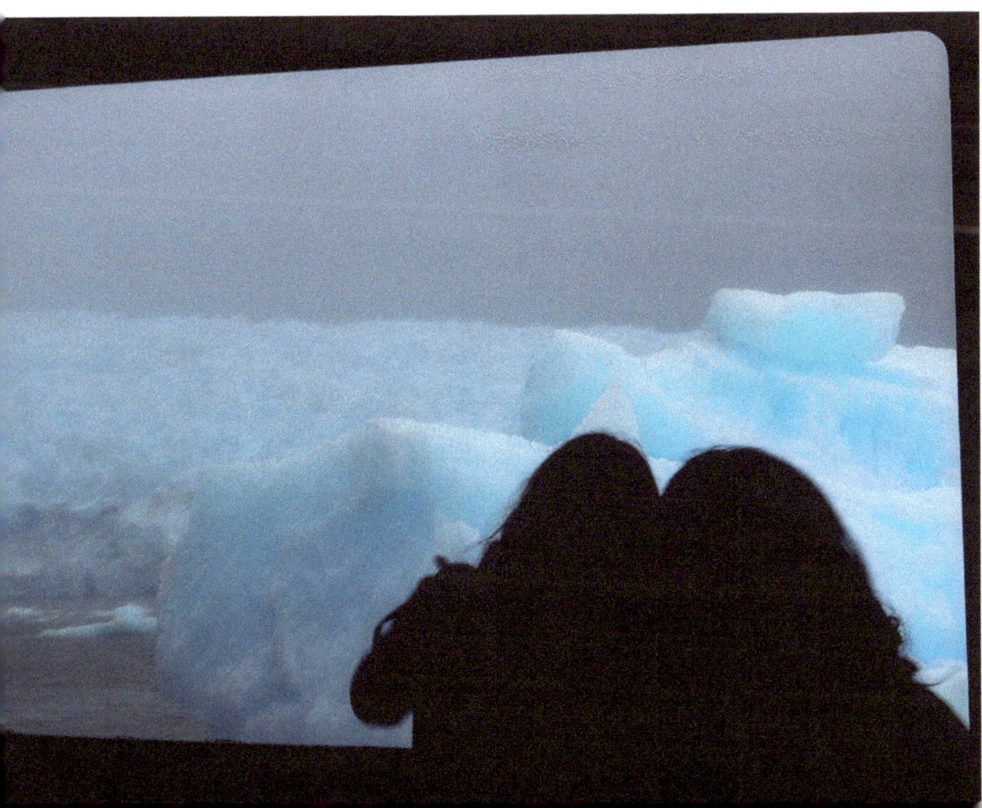

Legacy
Legado
Raúl Ortega

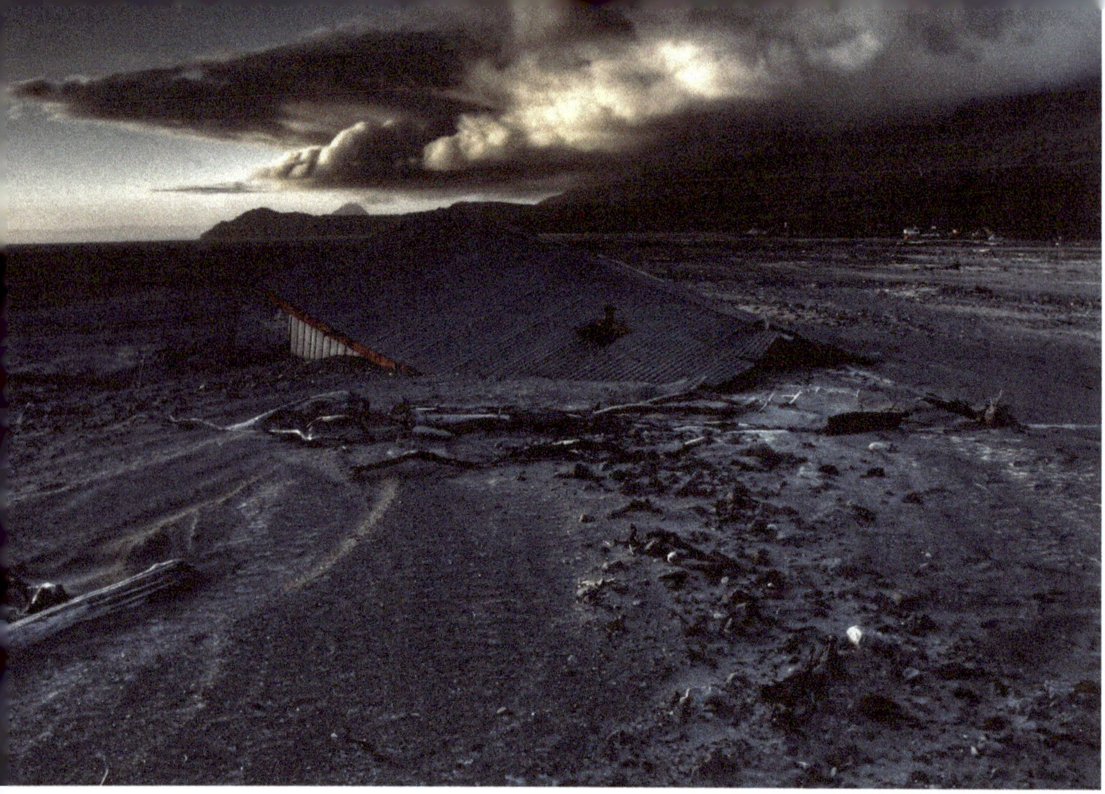

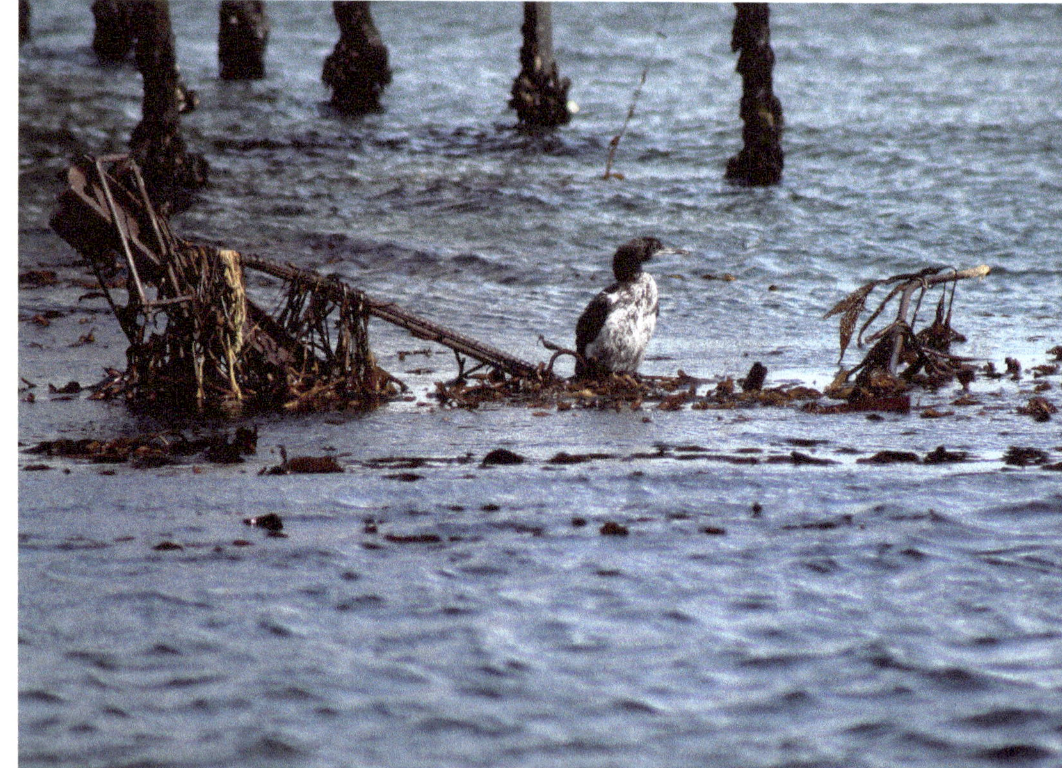

The Chaiten Volcano's fury
La furia del volcán Chaitén
Mirko Vukasovic

Tempting fate
Reto al destino
Carla Paredes

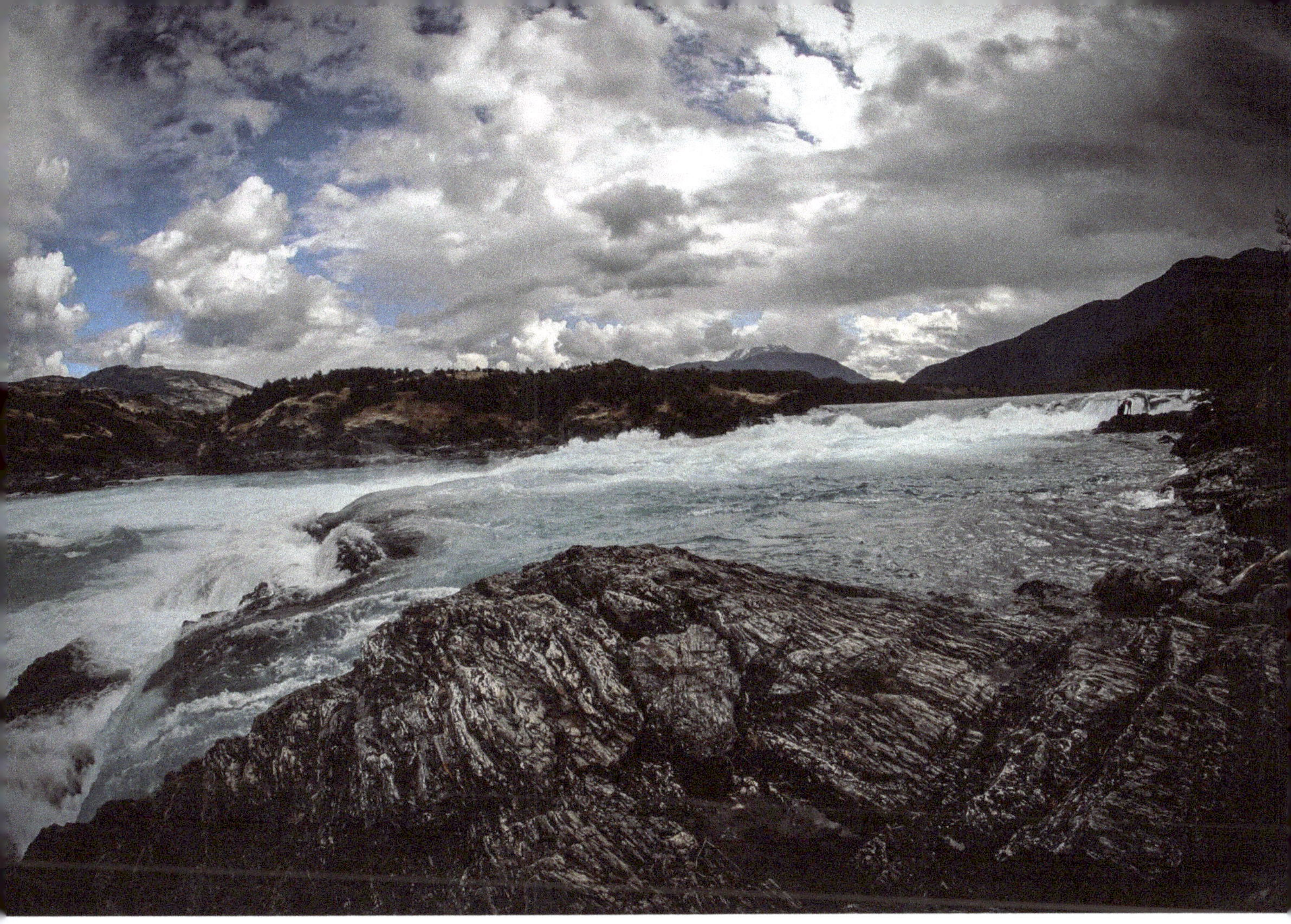

River at risk
Río en riesgo
Tammy Frances McCorkle

outdoors | deportes al aire libre

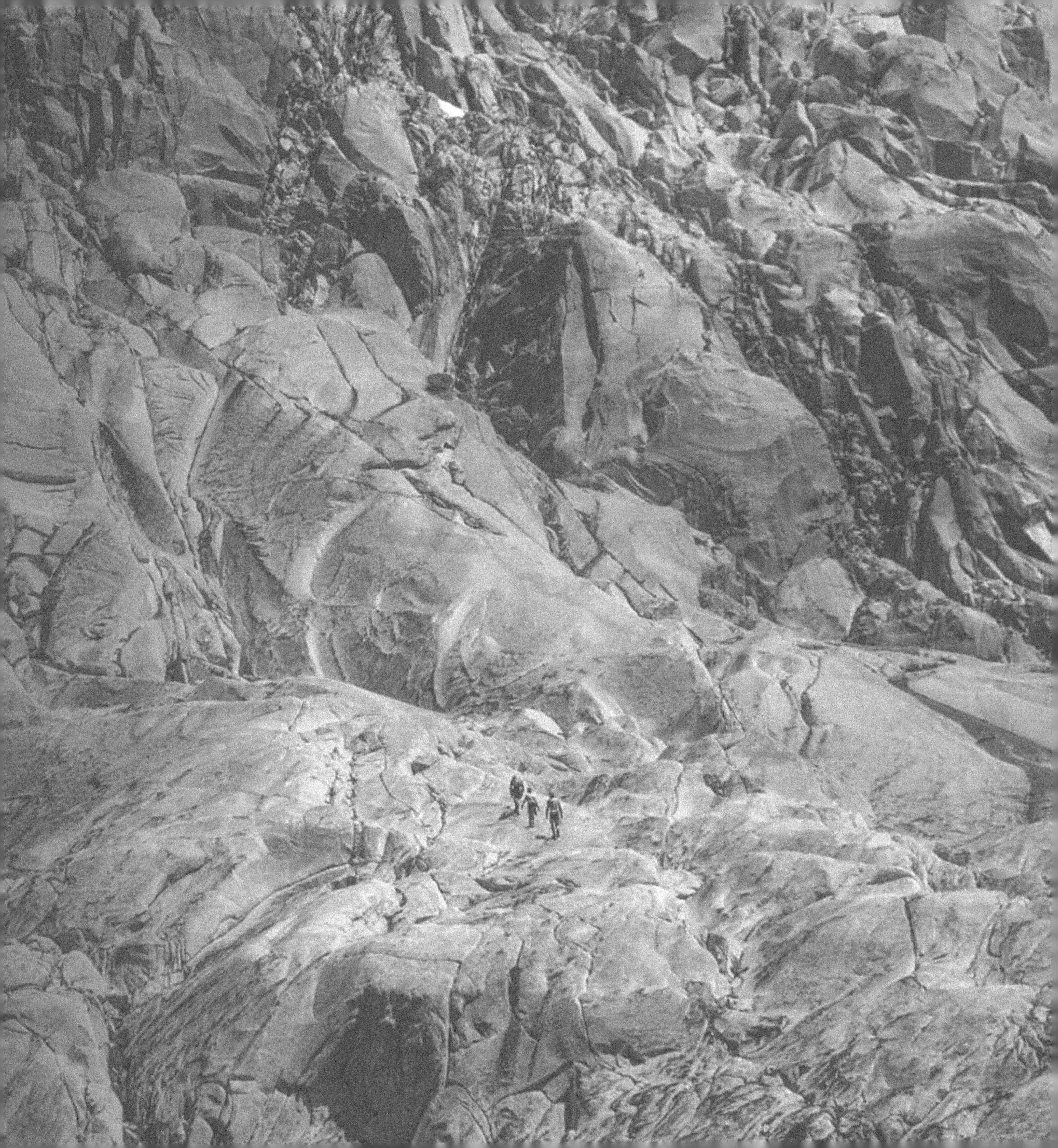

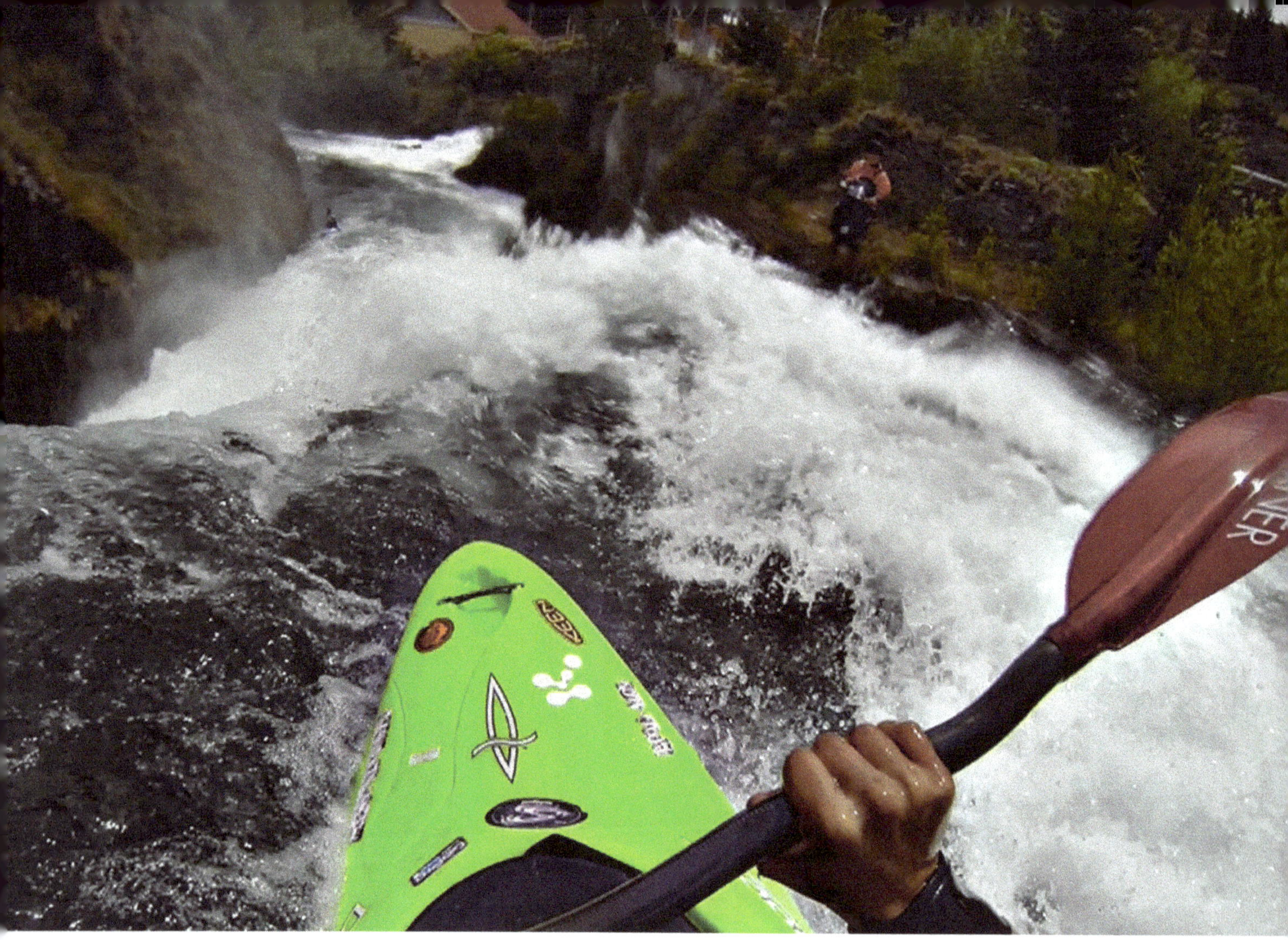

The point of no return
El momento en el que no hay vuelta atrás
Nicolás De La Rosa

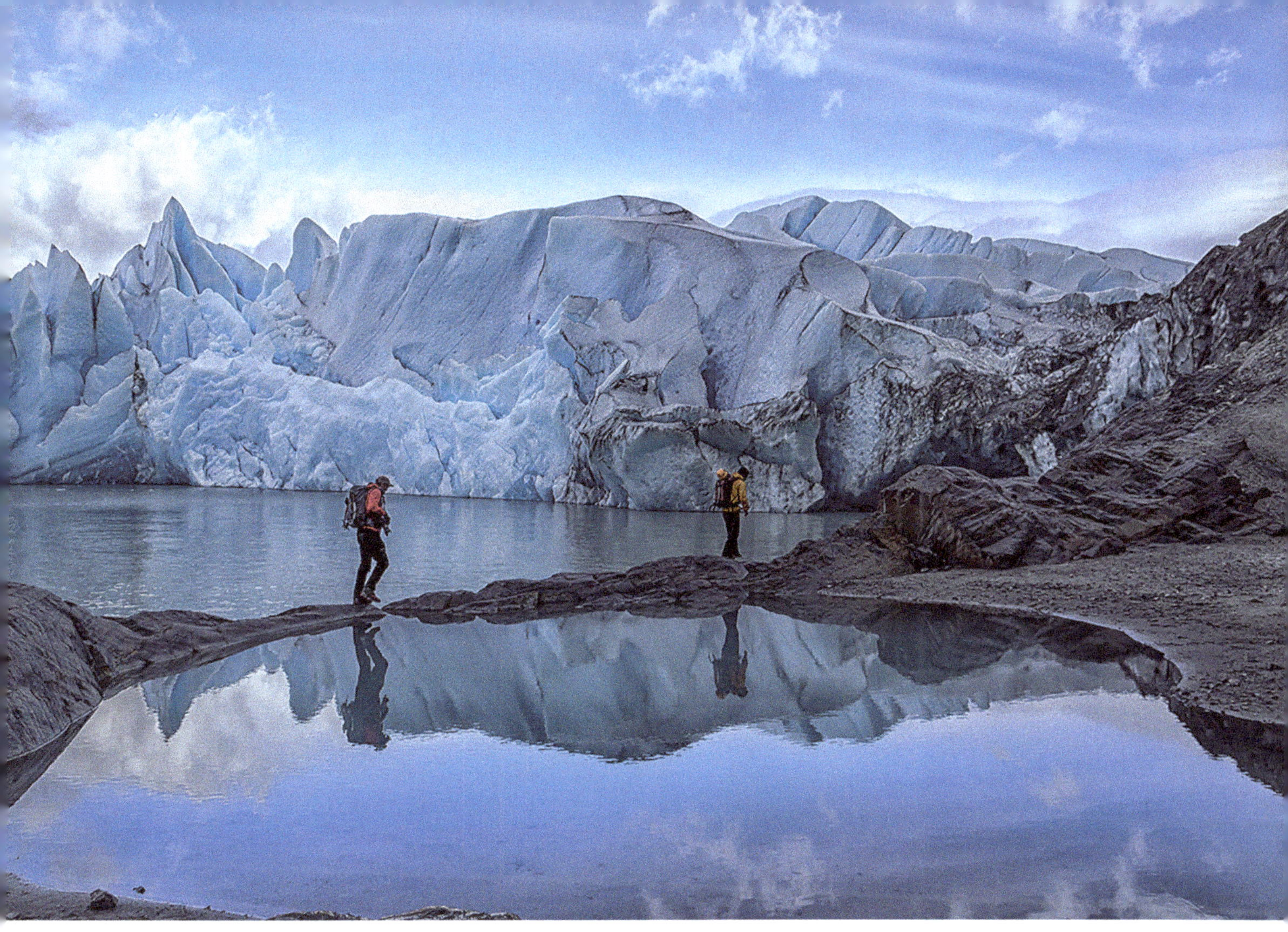

Blue silence
Silencio azul
Jose Manuel Jimenez Rios

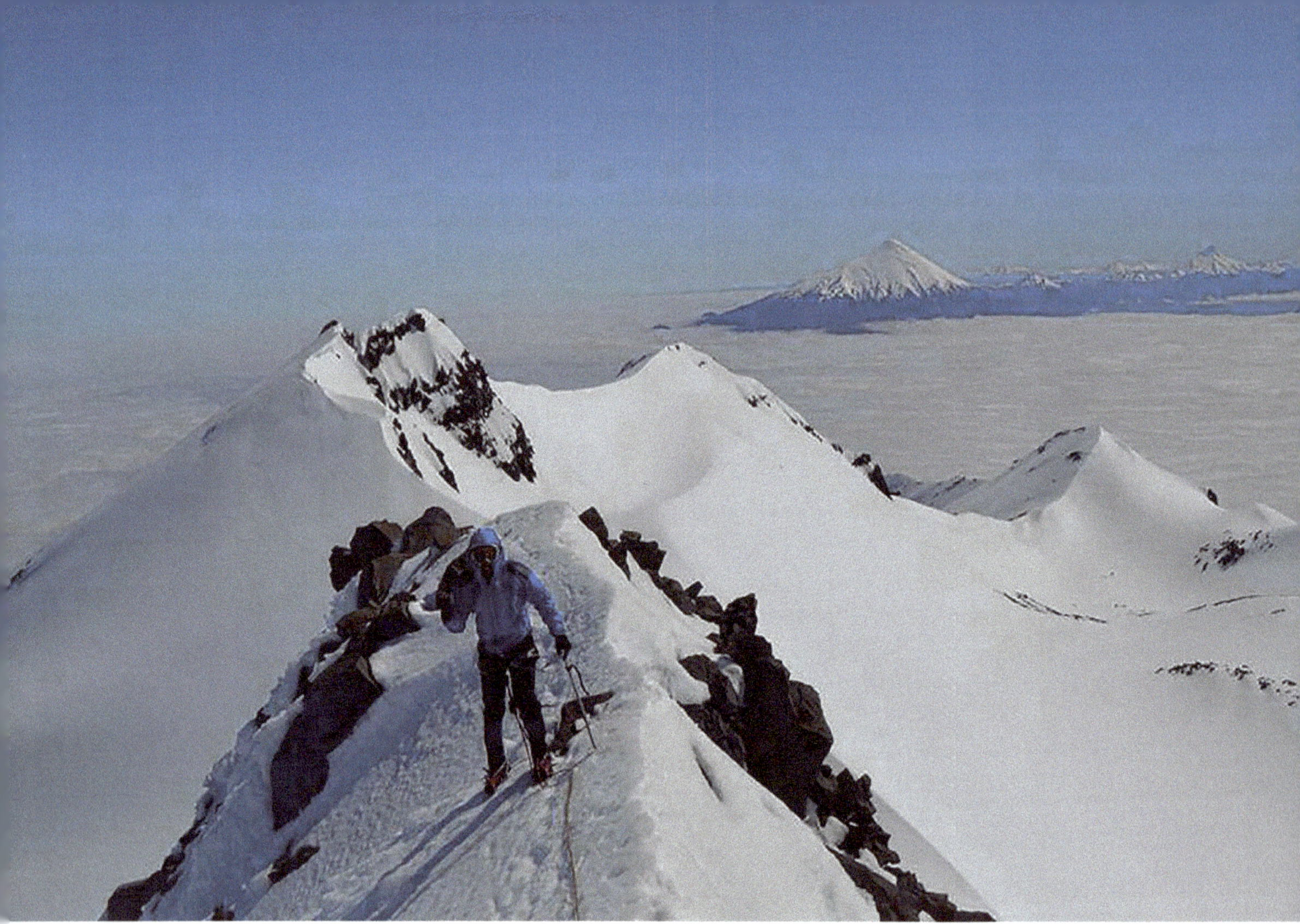

Summit of Calbuco Volcano
Cumbre Volcán Calbuco
George Holt

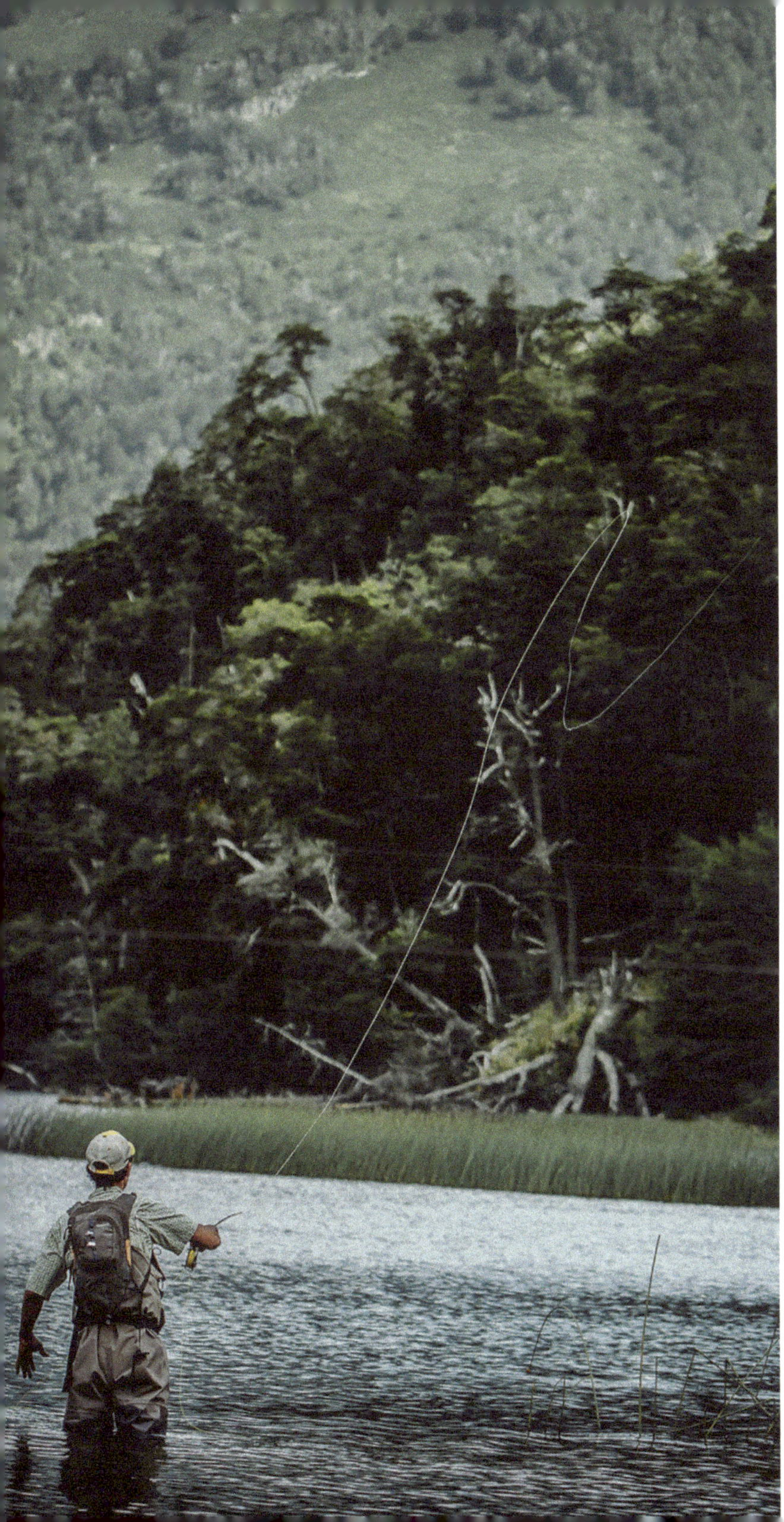

Fly Fishing
Mosqueando
Federico Grosso

Freedom
Libertad
Iván Leiva

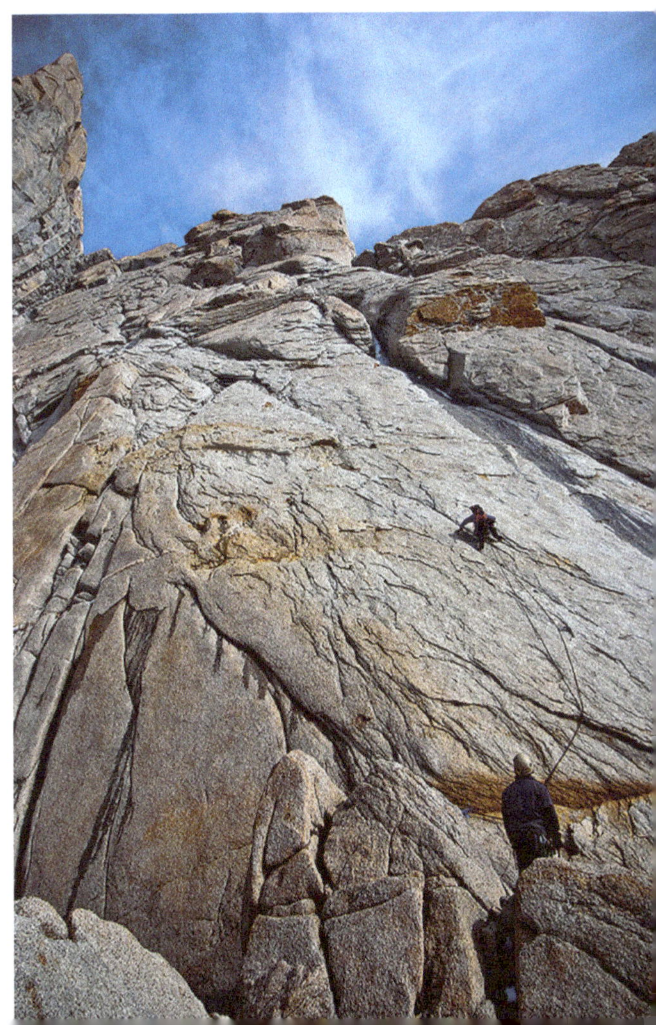

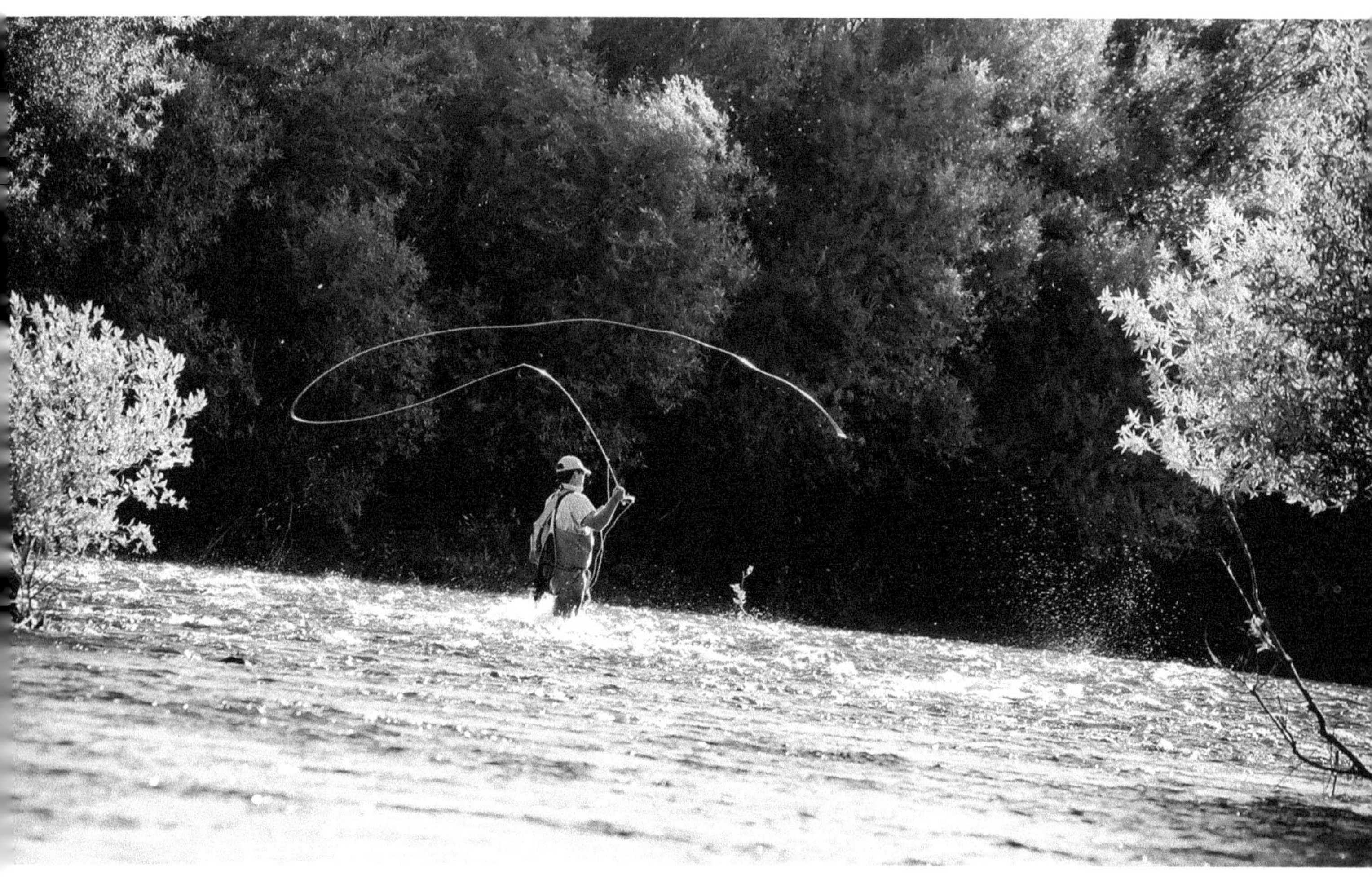

Fly fishing in Quilquihue
Mosqueando en el Quilquihue
Mario Ptasik

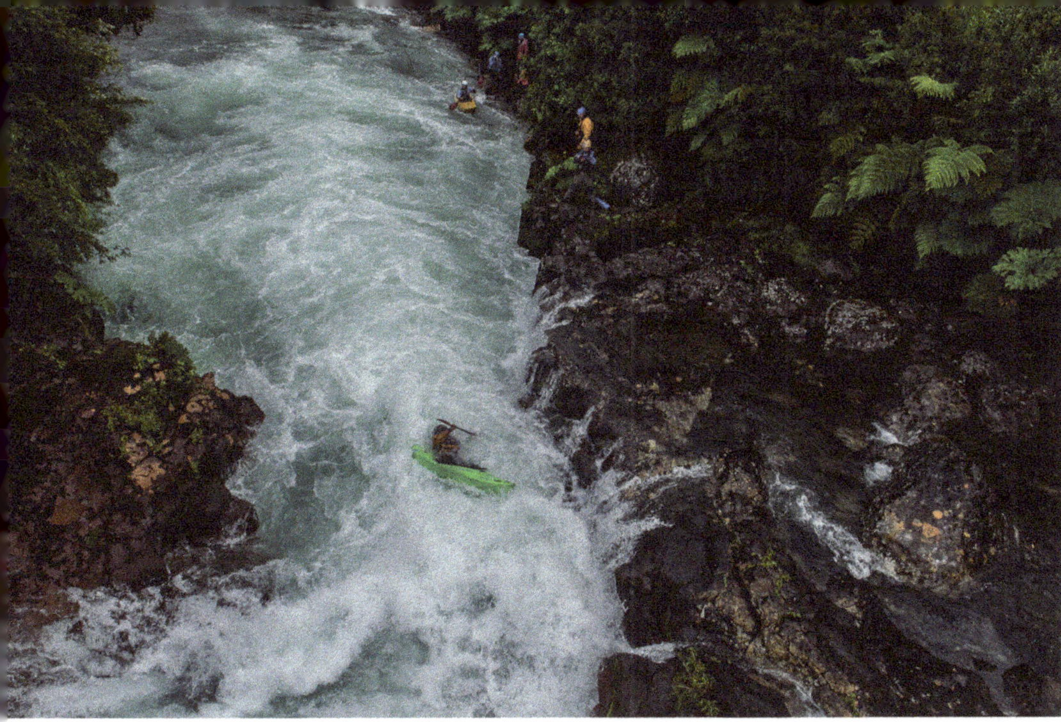

Melimoyu rapids
Entre los rápidos del
Melimoyu
Marcelo Mascareño

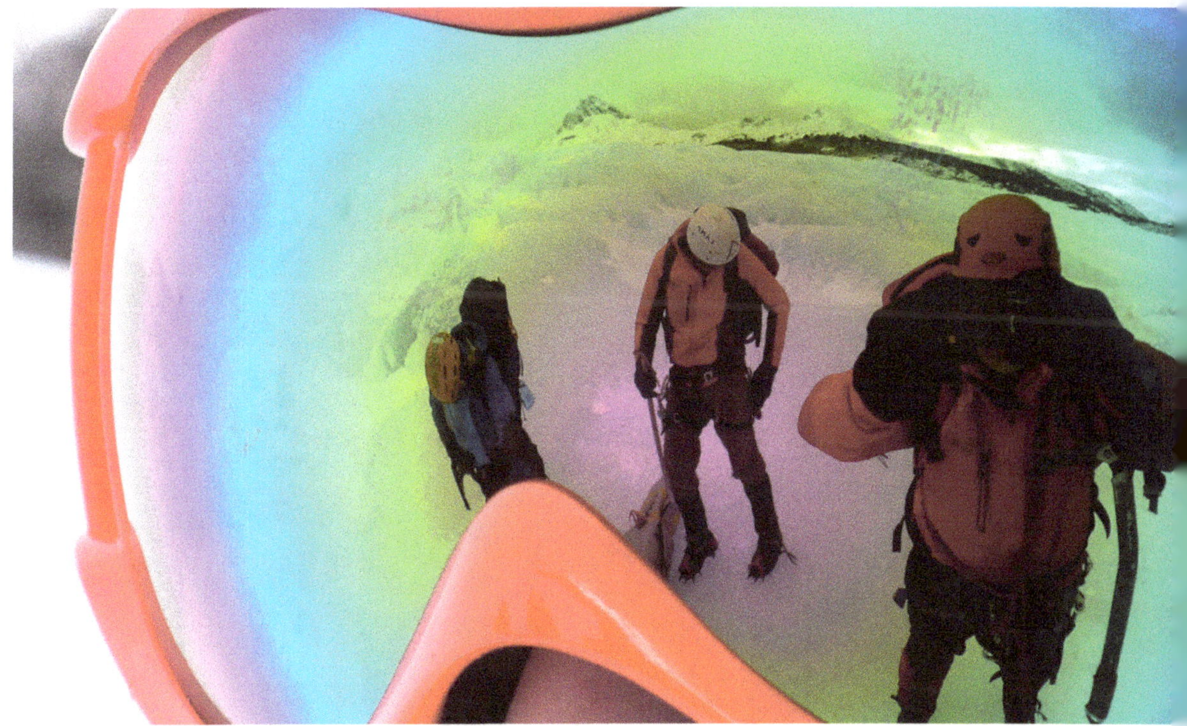

Ice walkers
Caminantes del hielo
Eñaut Izagirre

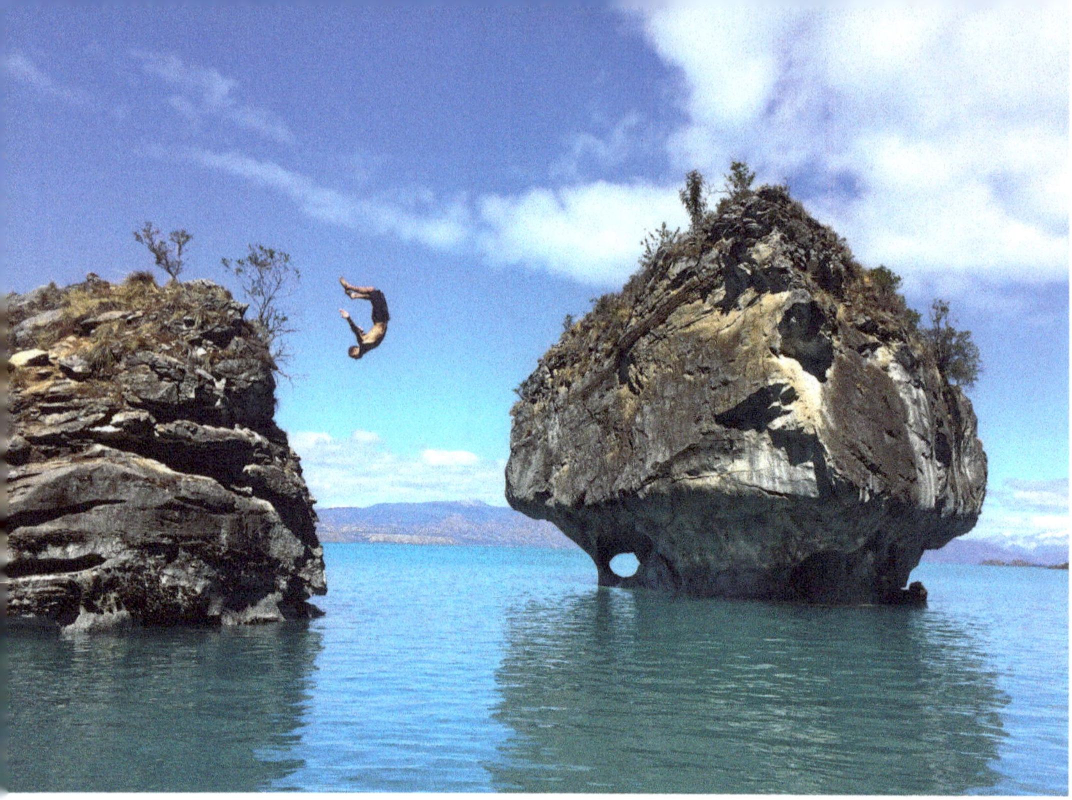

Cliff jump at Catedrales de
Marmol
Saltando del acantilado en
Catedrales de Marmol
Cristobal Mekis

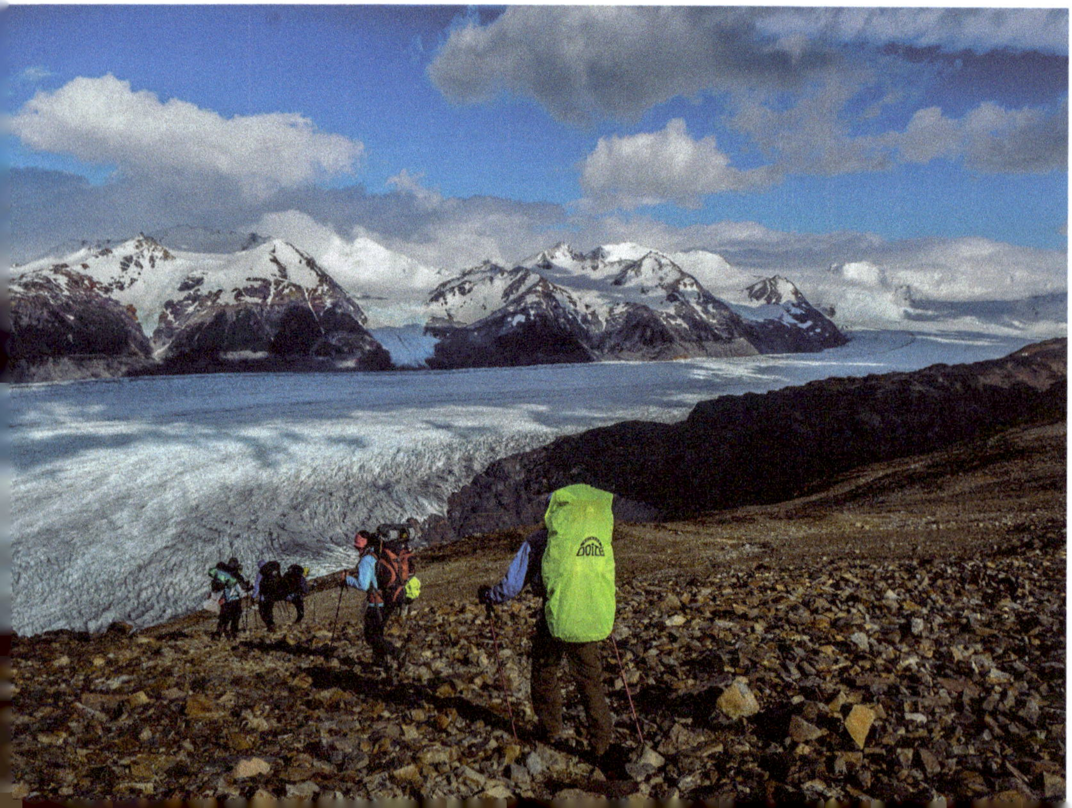

Trekking toward the
beginning of the world
Trekking hacia los inicios
del mundo
Carolina Gaete

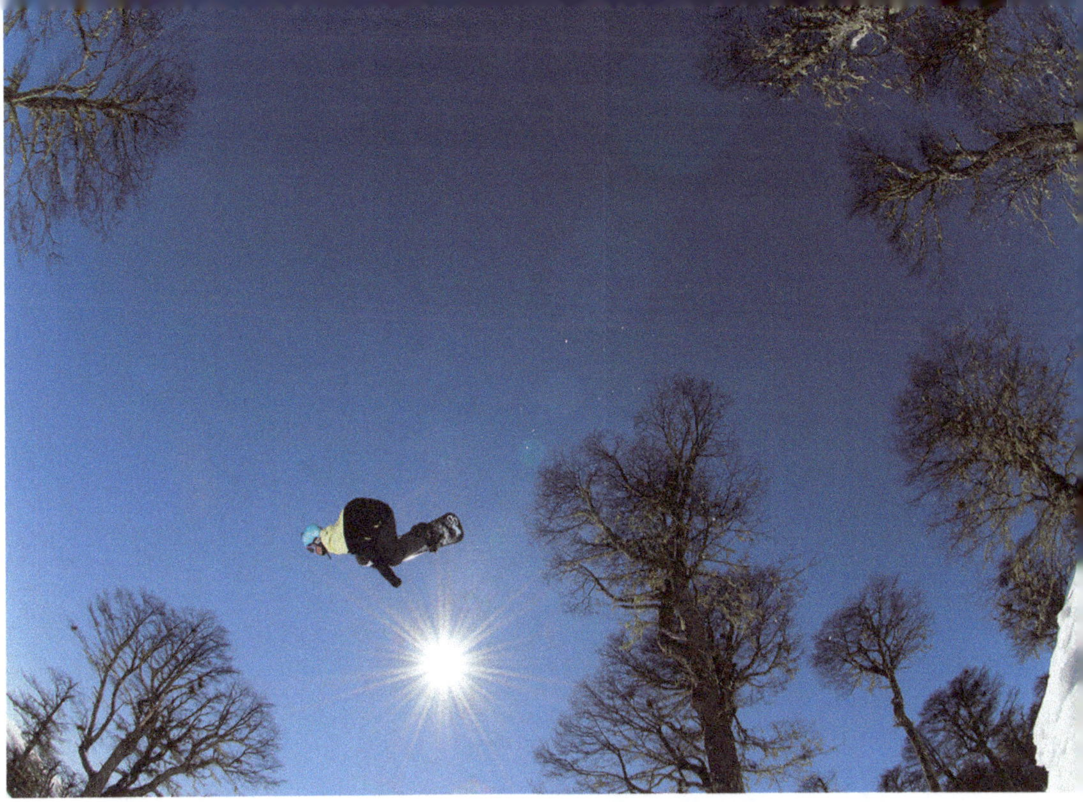

In the sky
En el cielo
Olivia Gentili

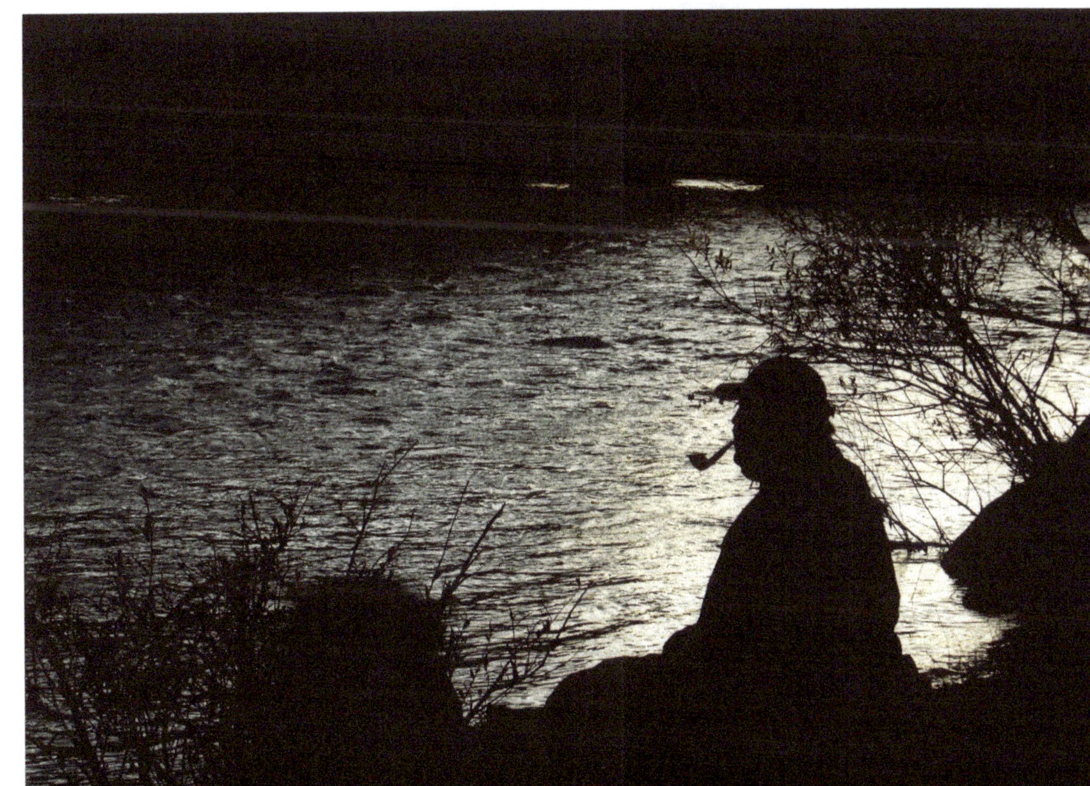

Fisherman enjoying his pipe
Pescador disfrutando de su pipa
Hernán Esporas

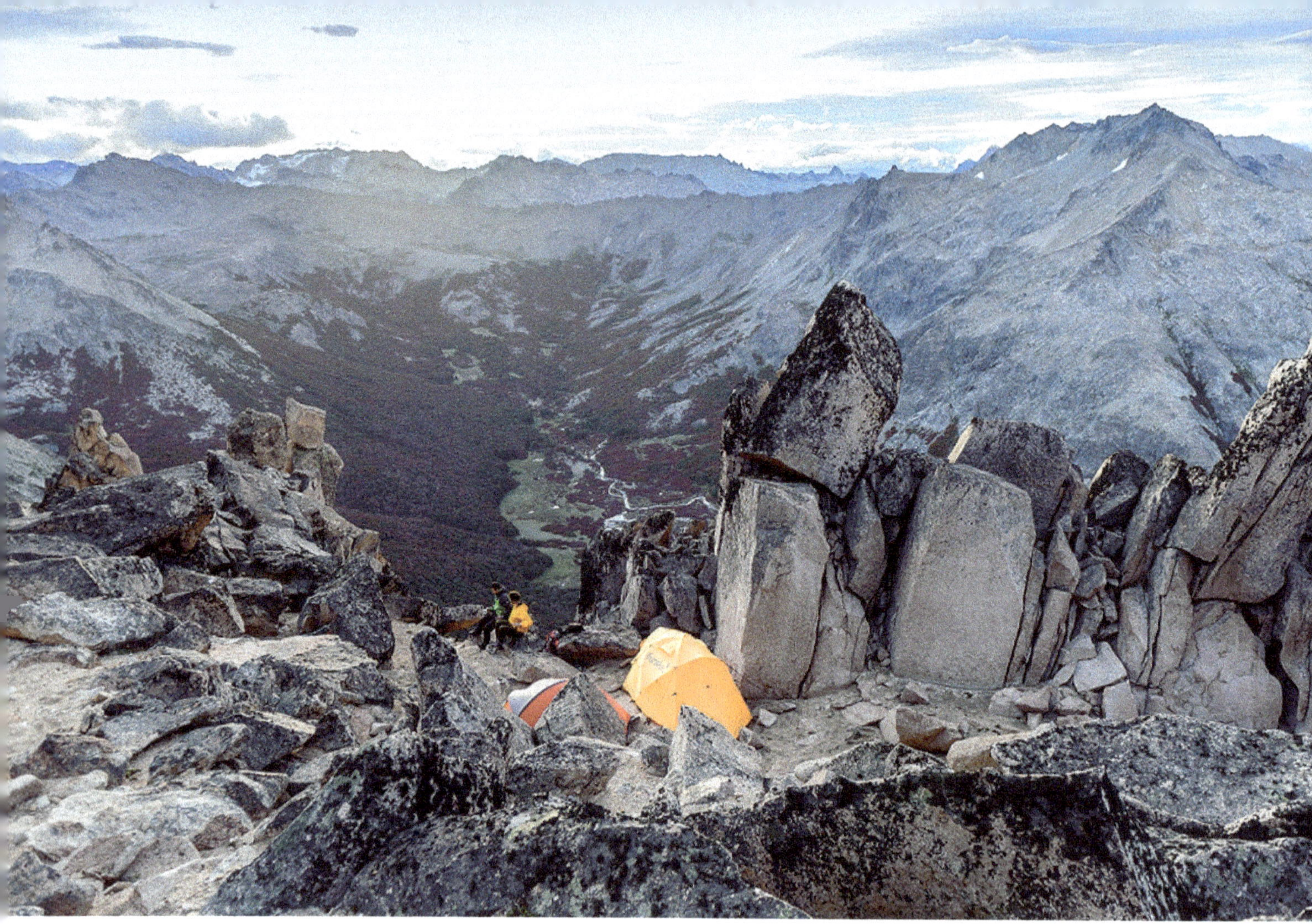

Trekking and camp
Trekking y campamento
Pablo Dómina

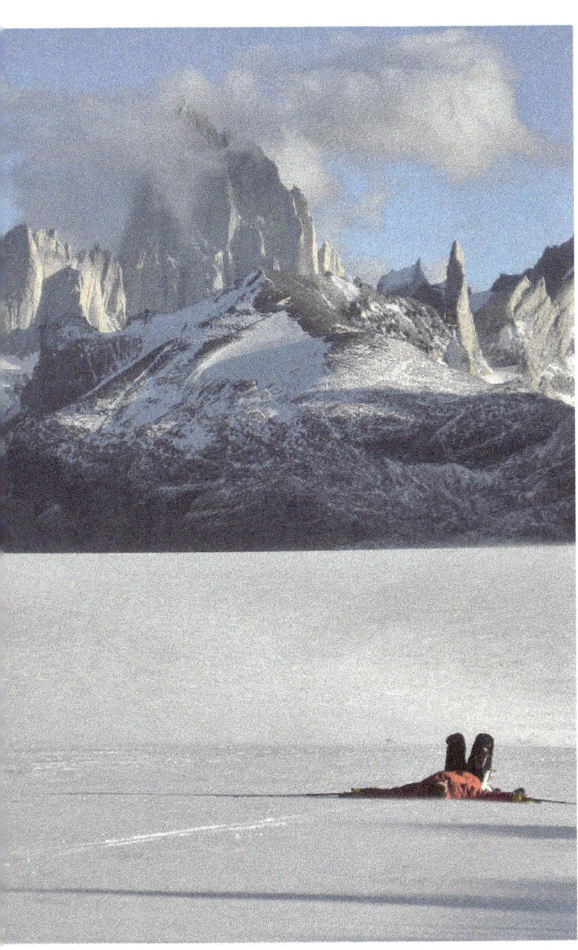

Resting on ice
Descanso sobre hielo
Alfredo Edwards

Flying over the forest
Sobrevolando el bosque
Christian Morales

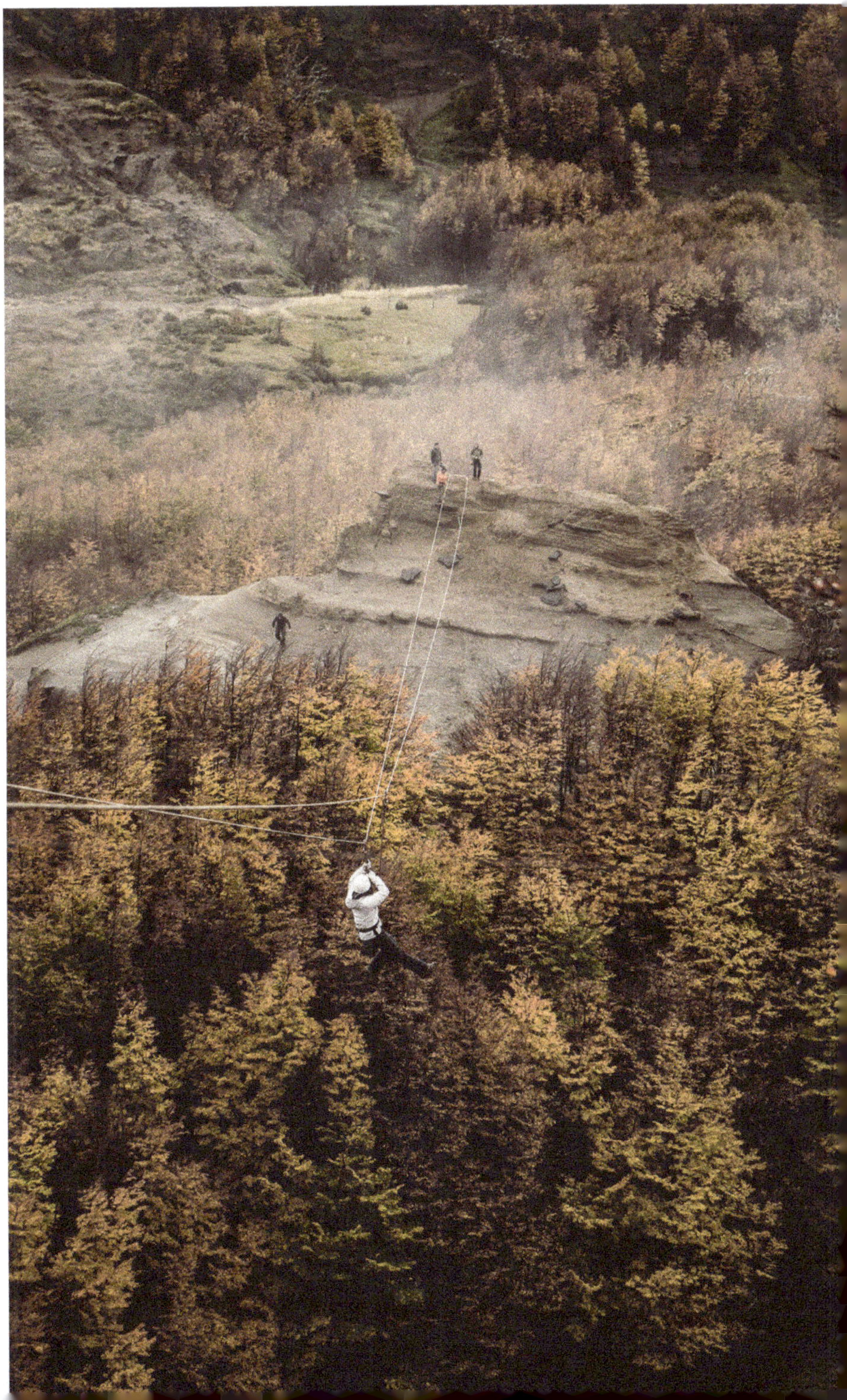

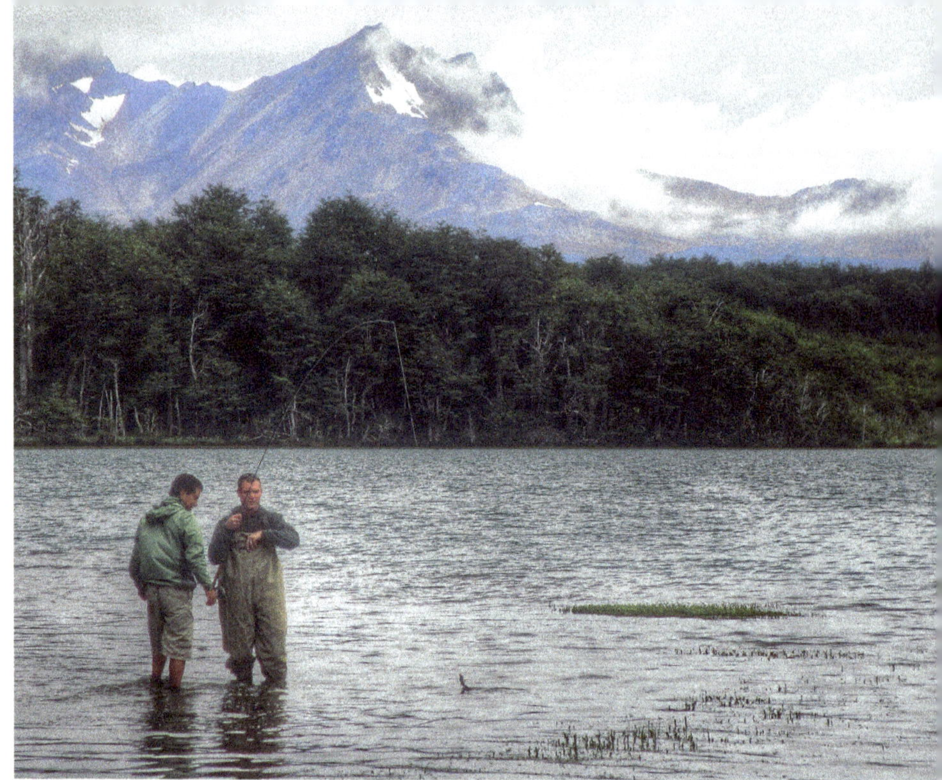

Fishing and exploring Patagonia
Pescando y explorando la Patagonia
Marcelo Baez

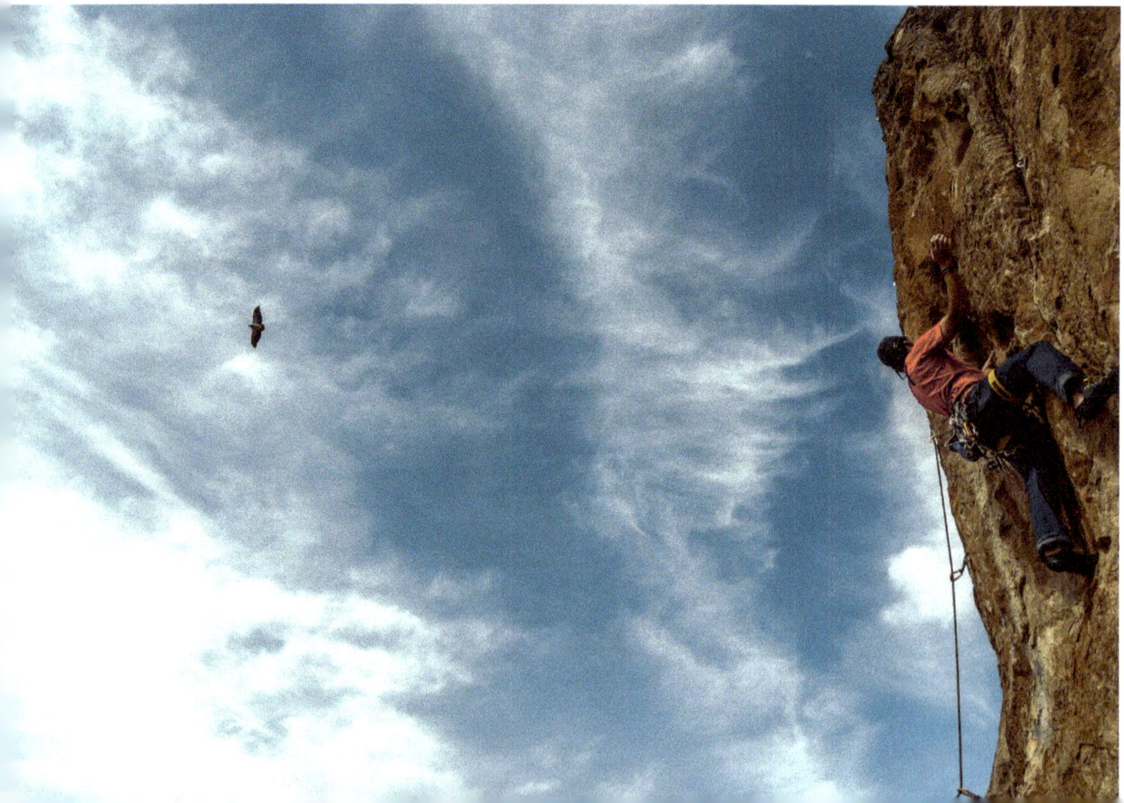

Climbing together
Escalando en compañía
Rodrigo Binet

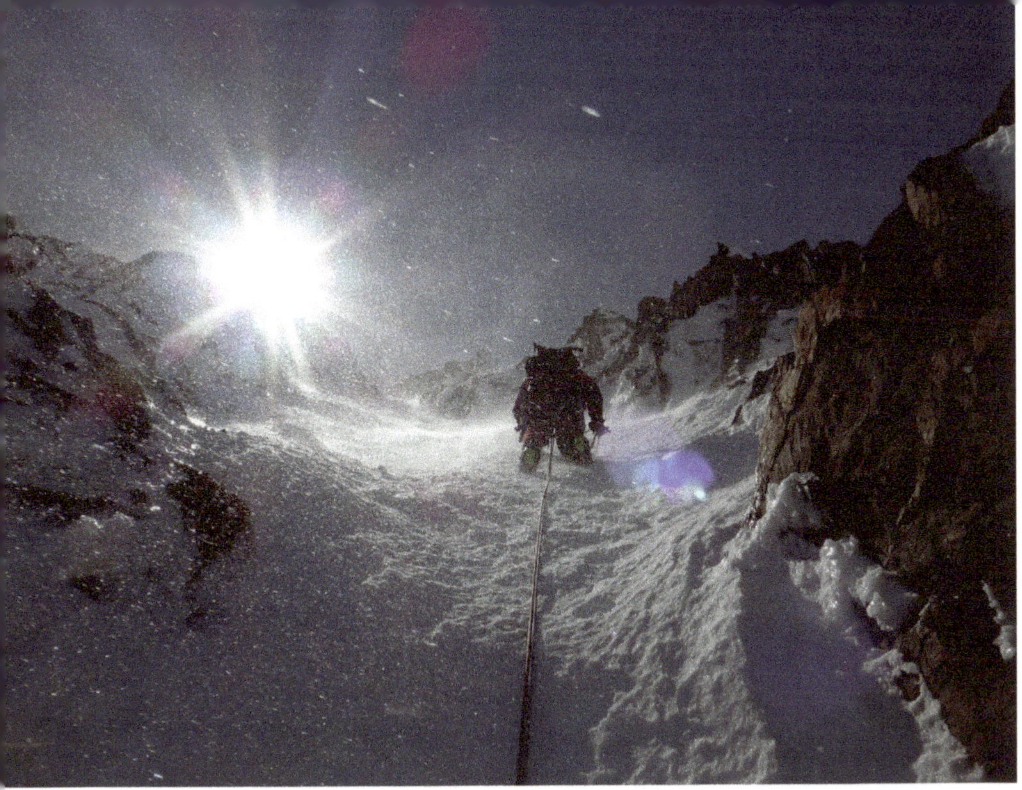

Opening the route
Abriendo ruta
Marco Poblete

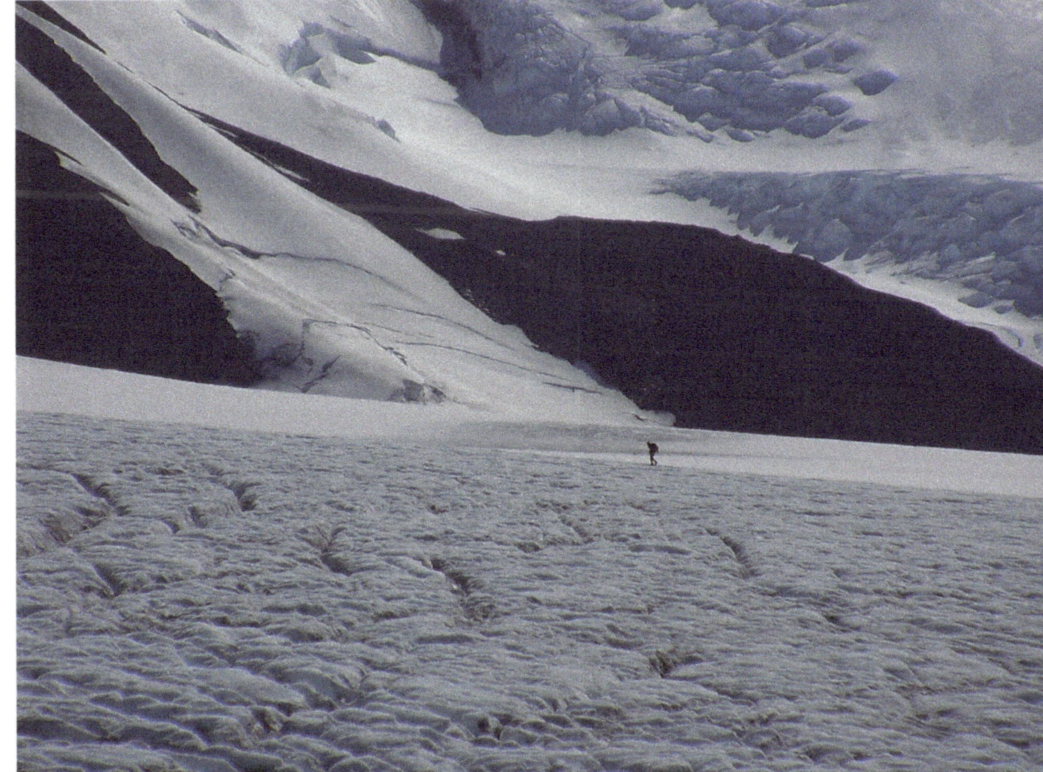

Alone with infinity
Solitario en la inmensidad
Hernán Mondino

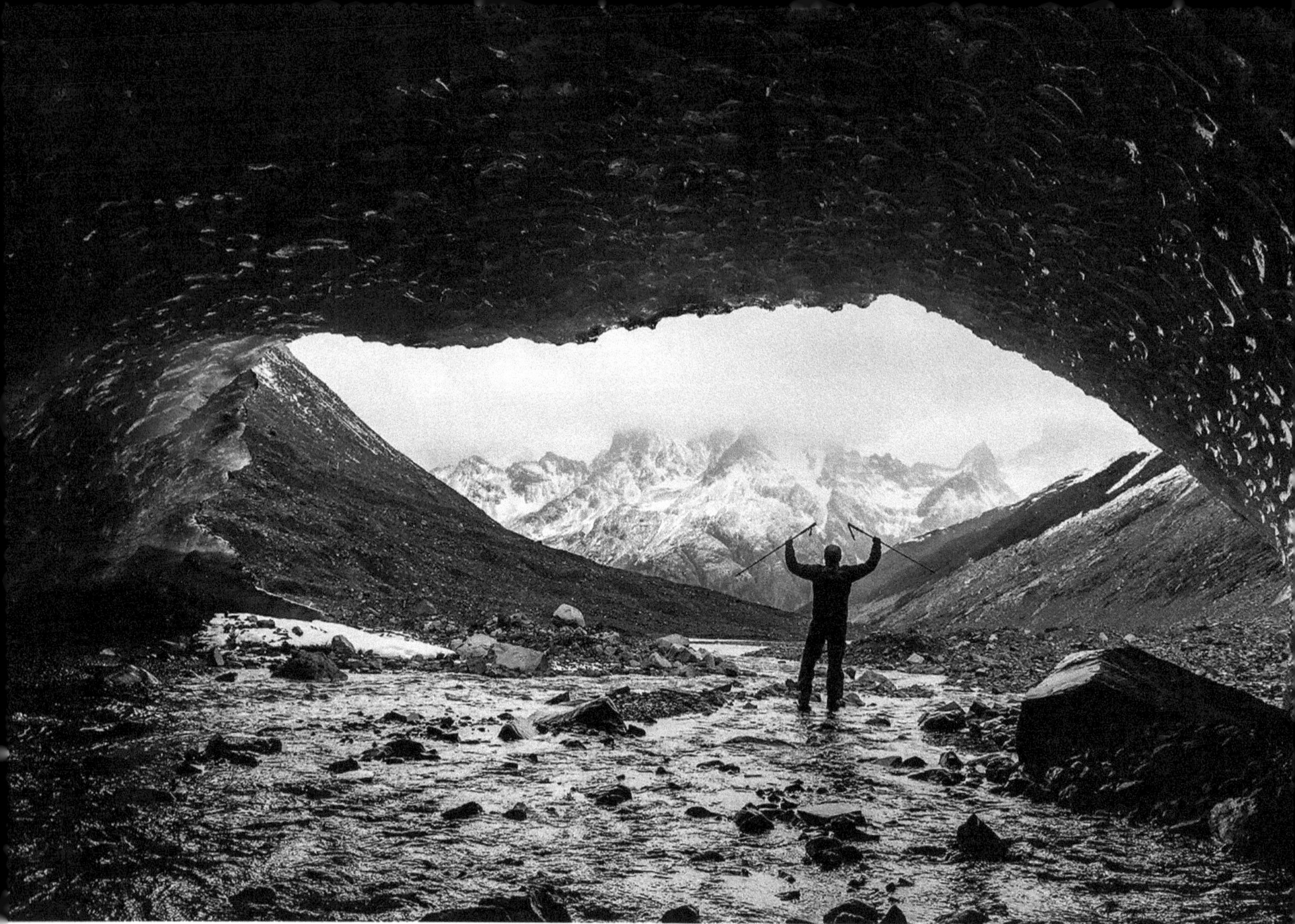

Inside the Puma Glacier
Dentro del Glaciar Puma
Nicolás Gildemeister

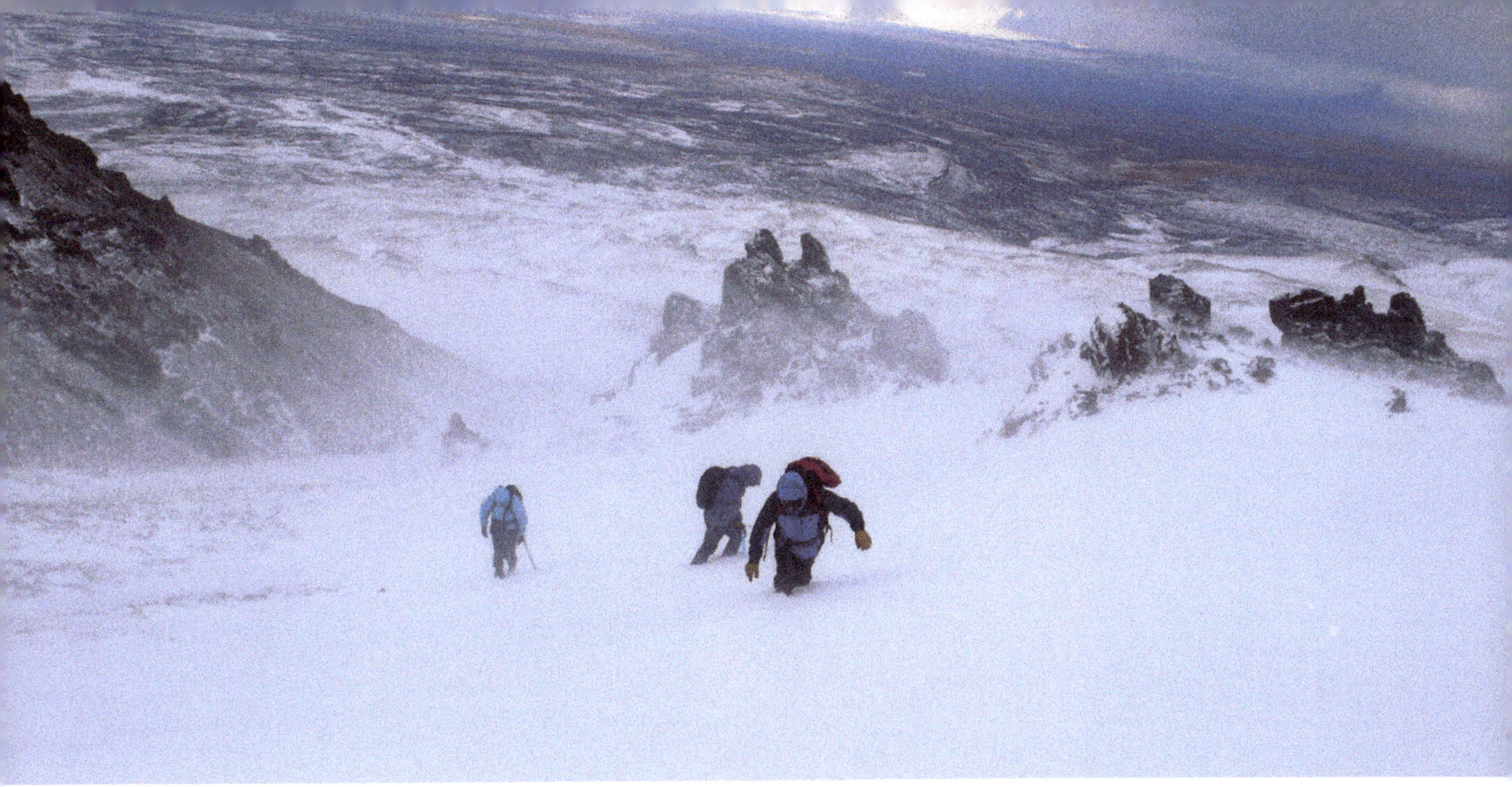

The conquerors of the useless
Los conquistadores de lo inútil
Eñaut Izagirre

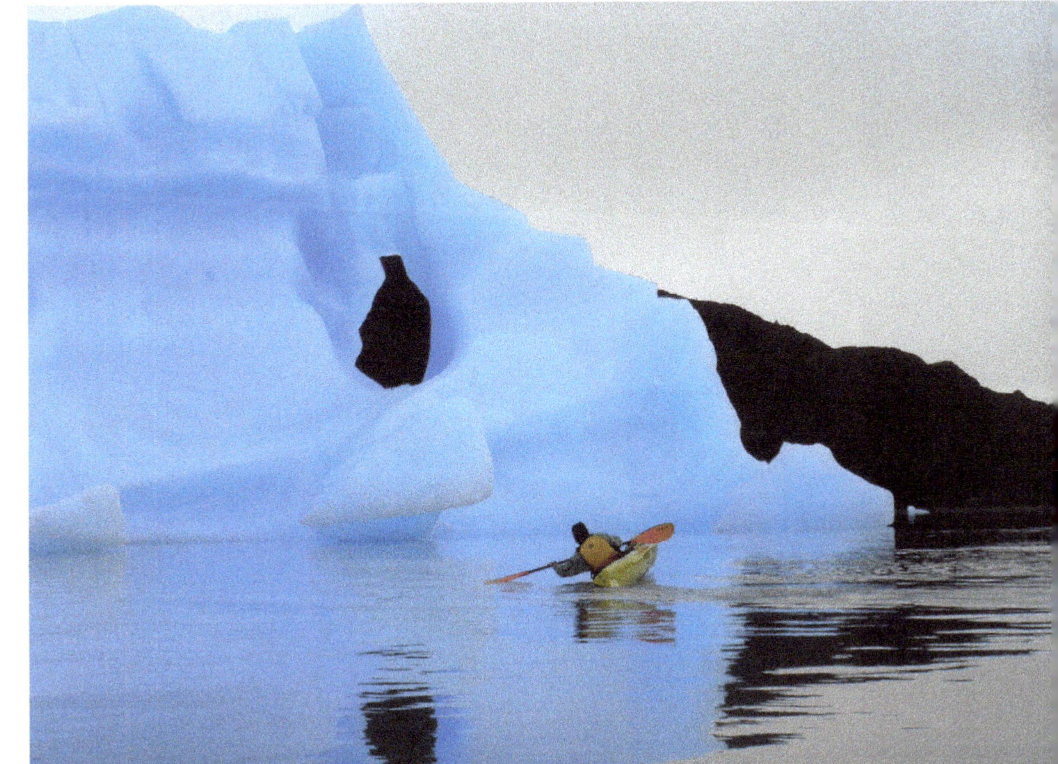

Kayak at the end of the world
Kayak en el fin del mundo
Pablo González

travel & culture | viajes y cultura

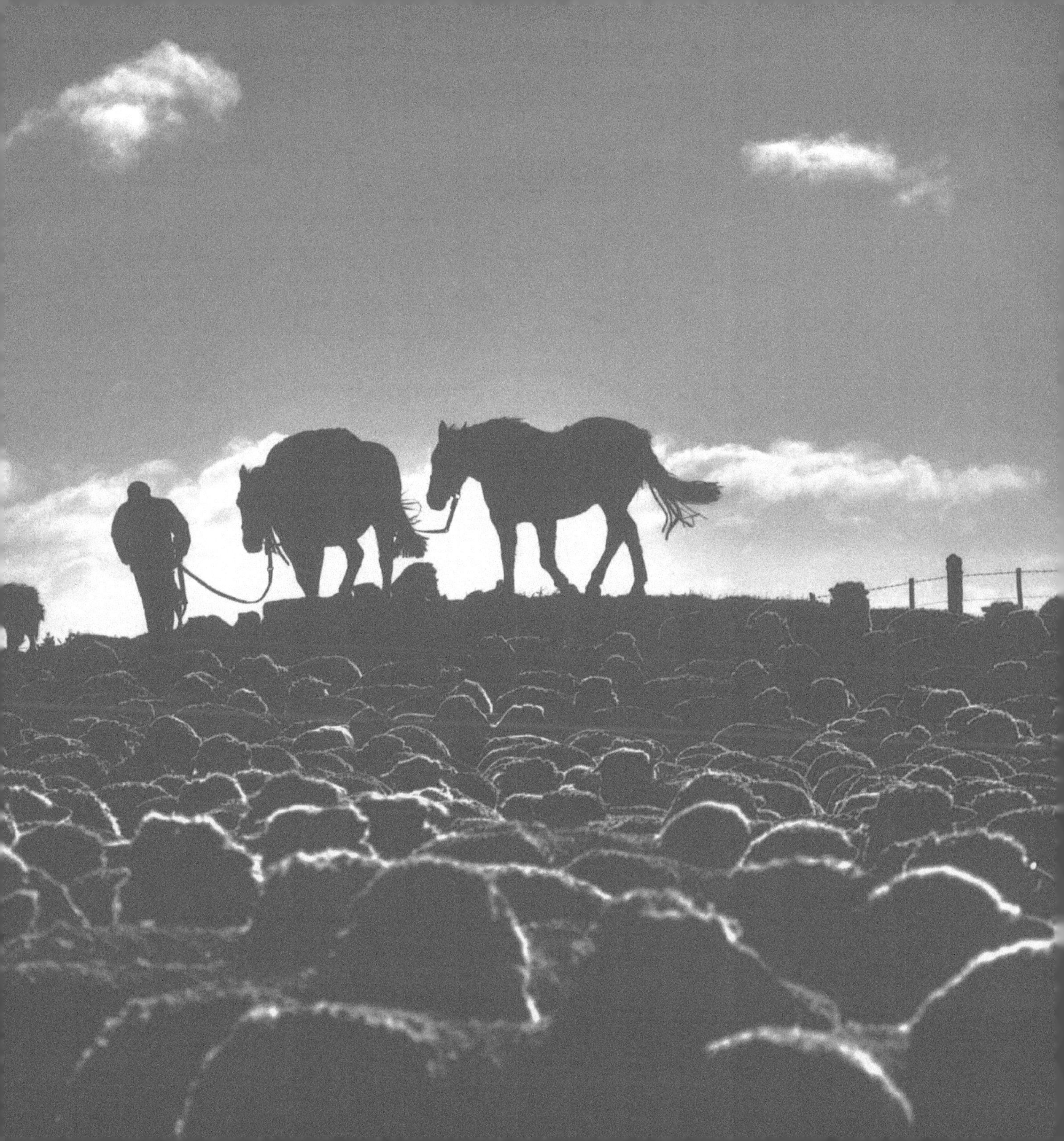

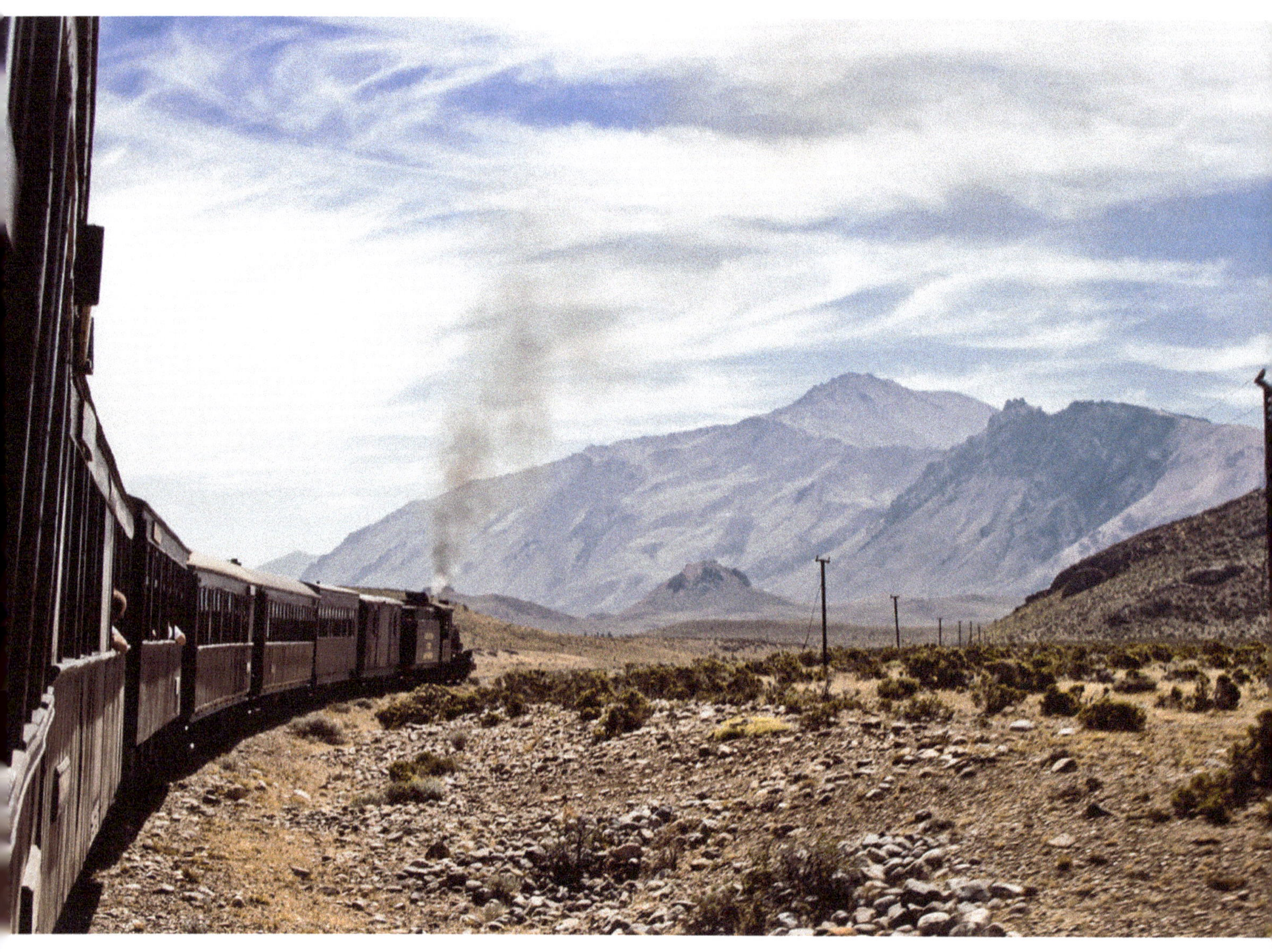

La Trochita, Esquel, Argentina
Karina Severin

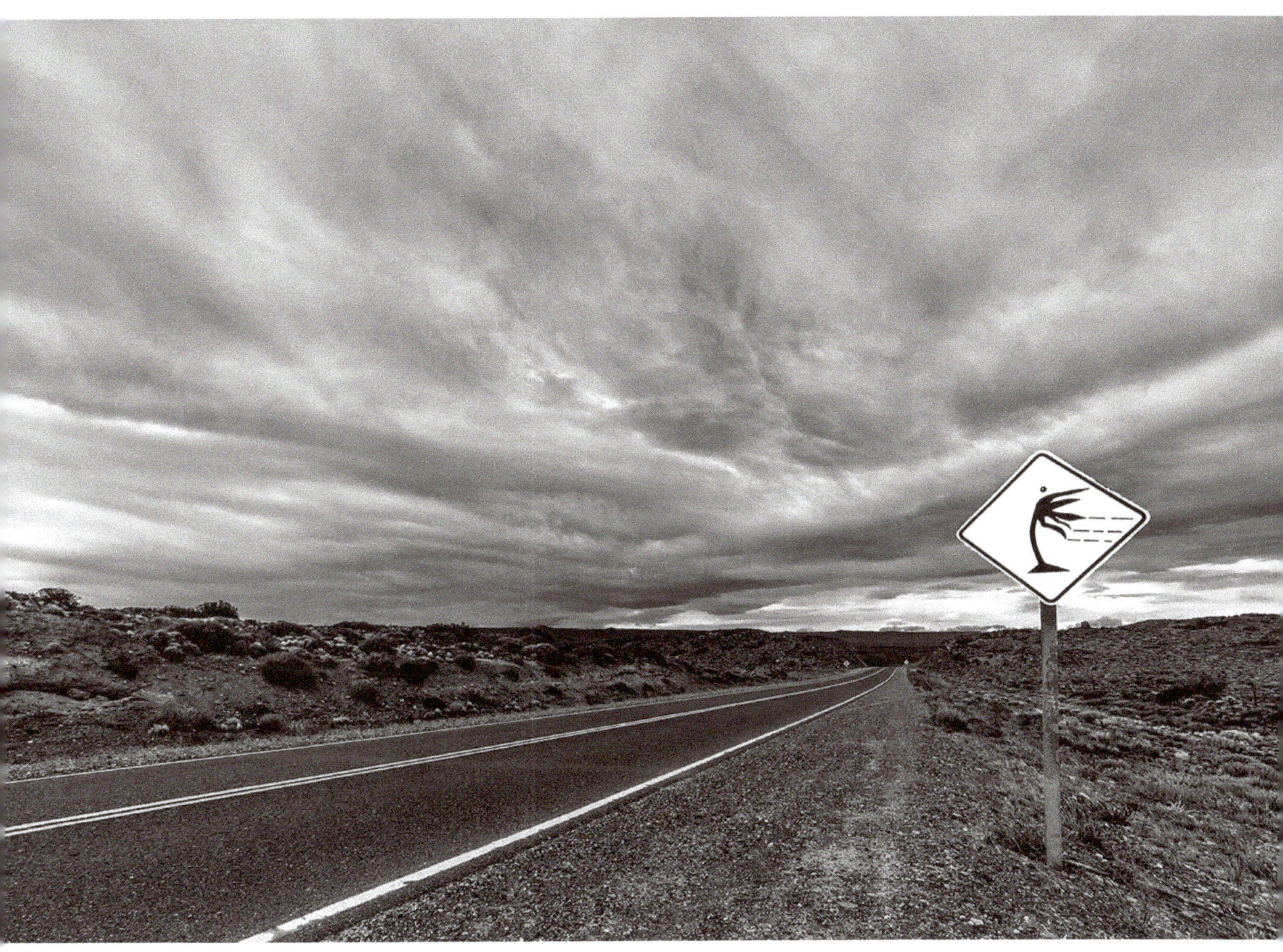

The windy Patagonian roads
Los caminos de viento Patagónico
Gianluca Lombardi

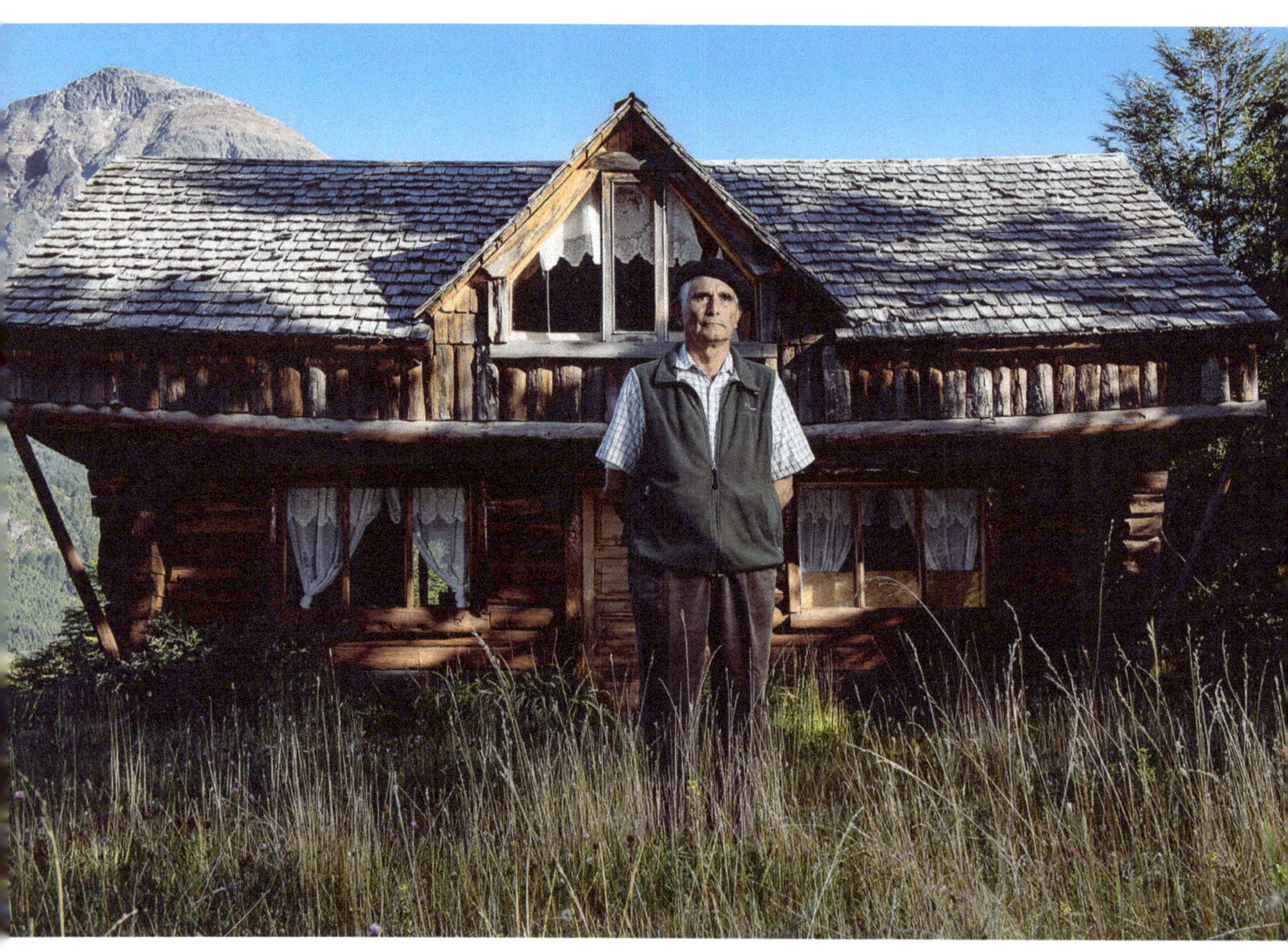

Don Mario, el Colono
Heber Vega

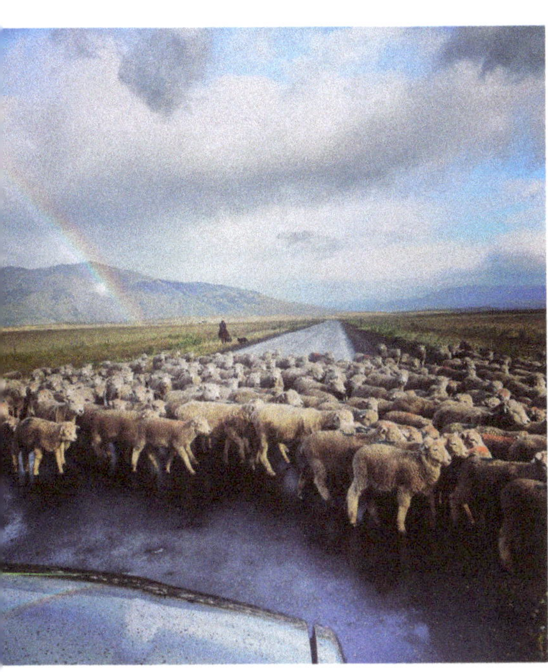

Herding sheep
Arreo de ovejas
Boris Tocigl

Change of skin
Cambio de piel
Martin Bordagaray

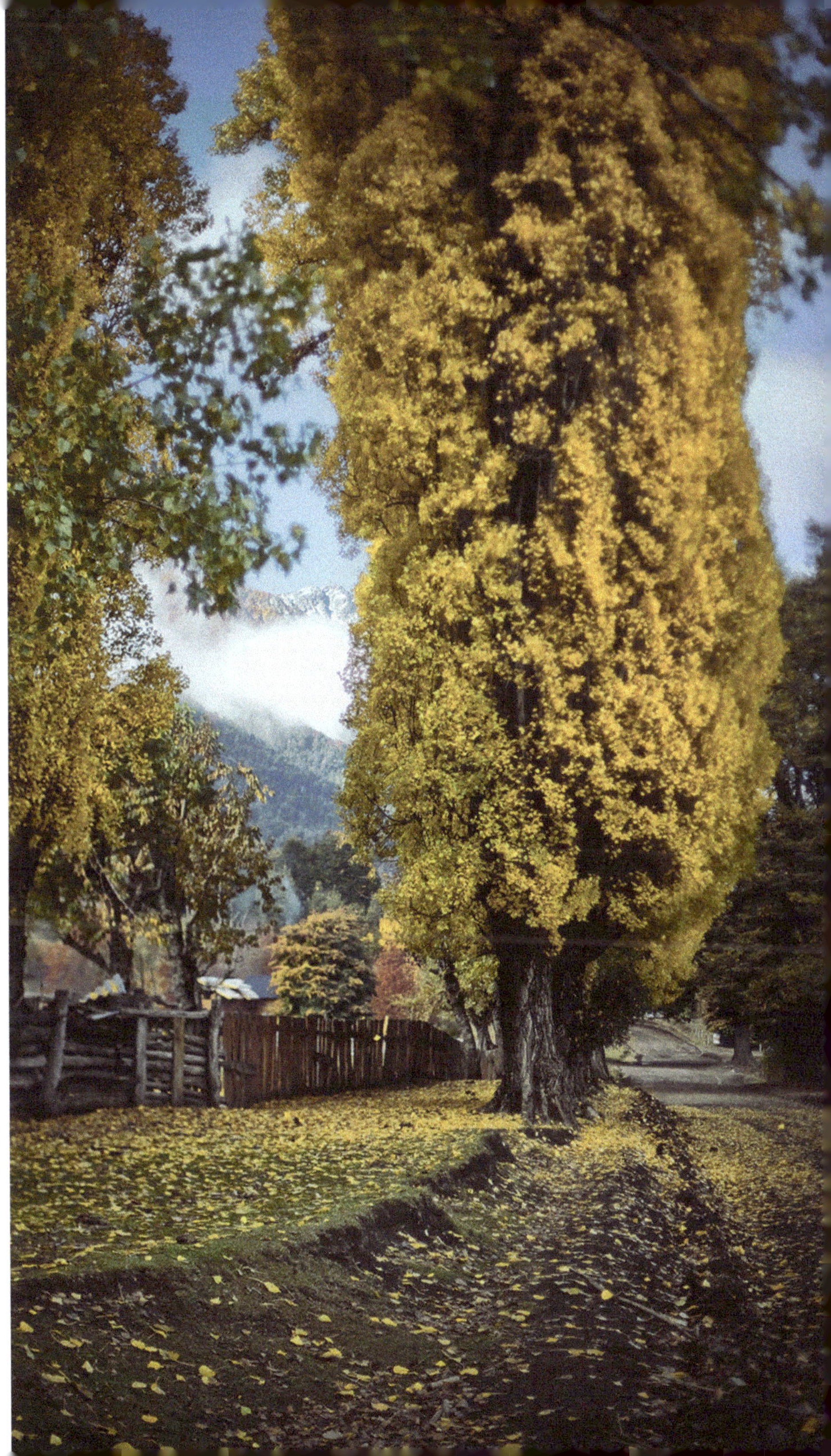

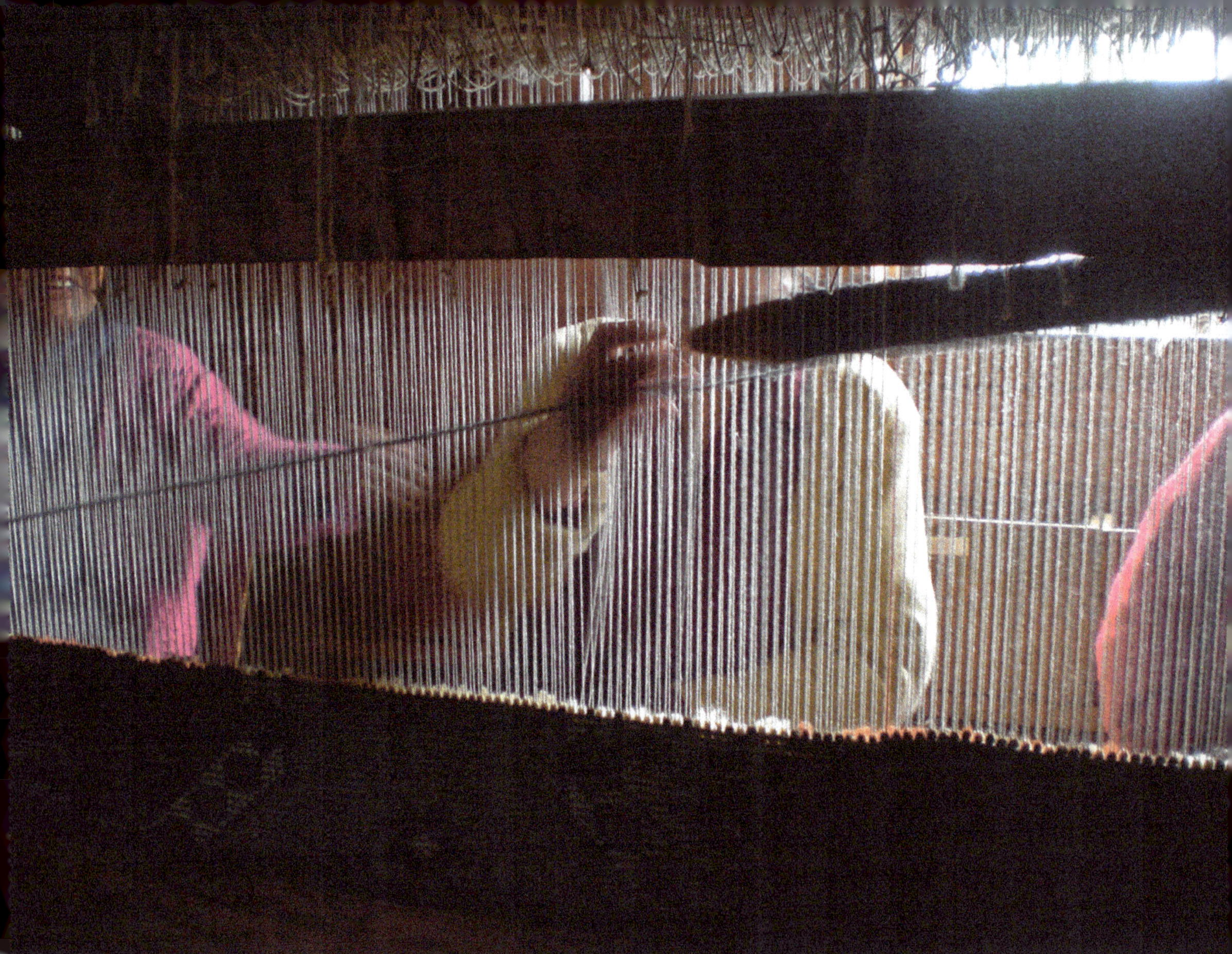

Weaving stories
Tejiendo historias
Flavia Michell Solari

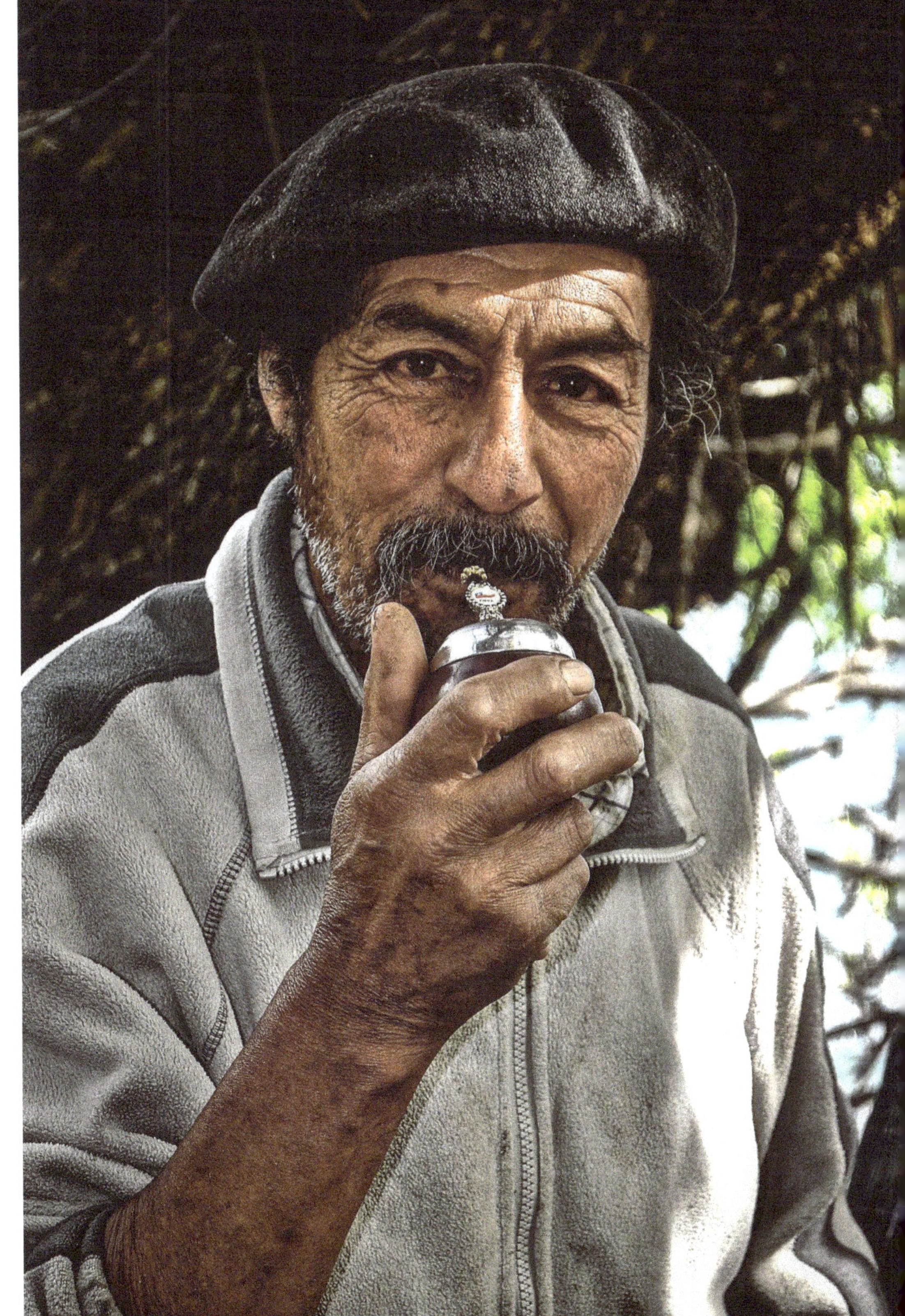

The most interesting
man in the world
El hombre más interesante
del mundo
Tammy Frances

Night scene
Paisaje nocturno
Alberto Jose

Herding a flock
Arreo de un piño
Jorge Ide

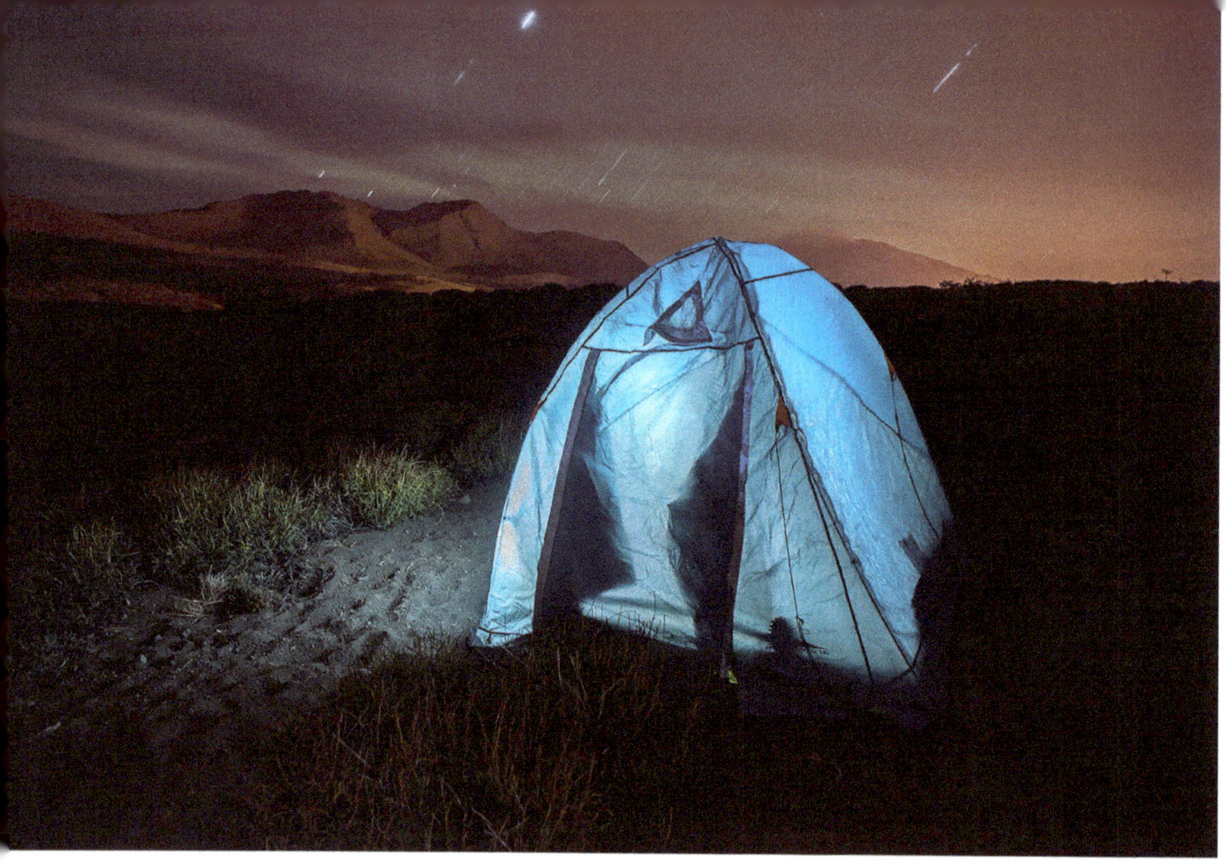

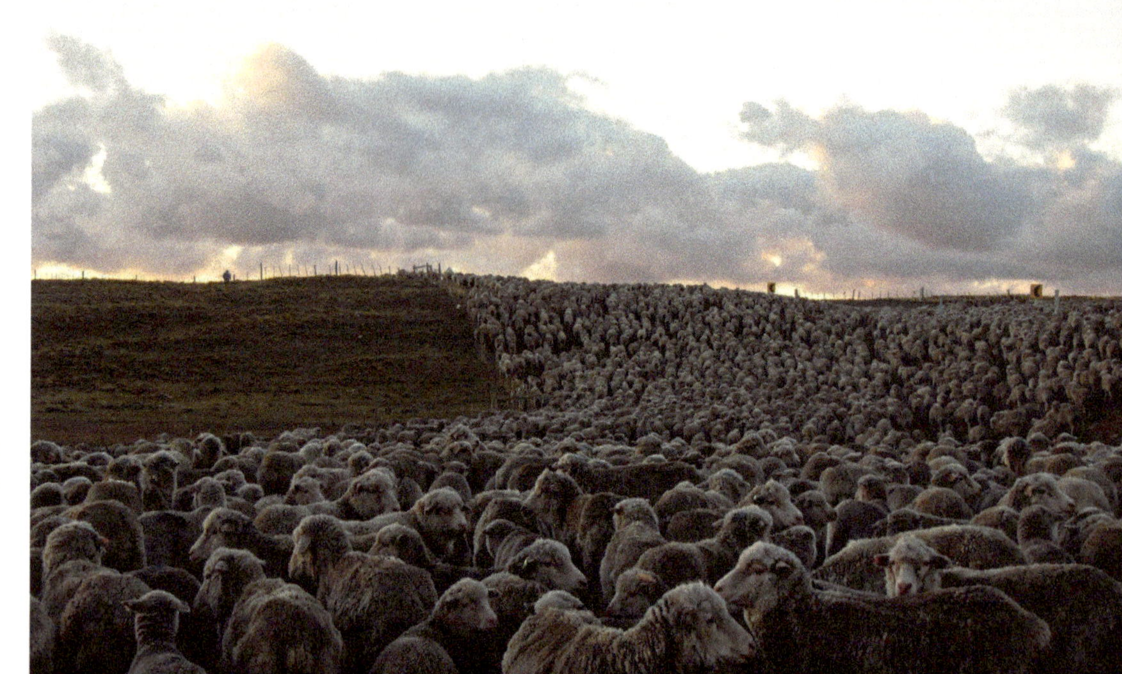

84

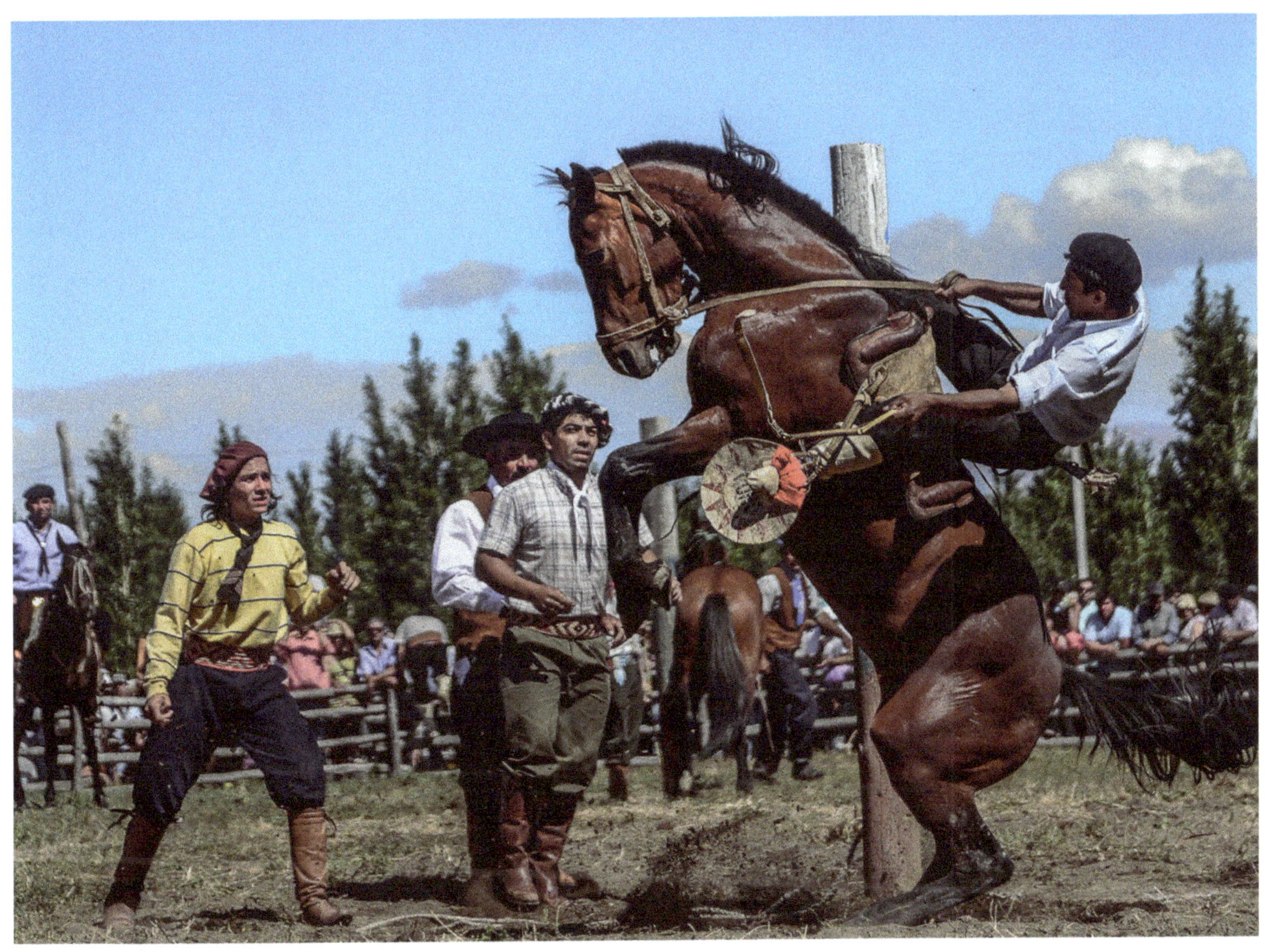

Untamed
El indómito
Marcelo Mascareño

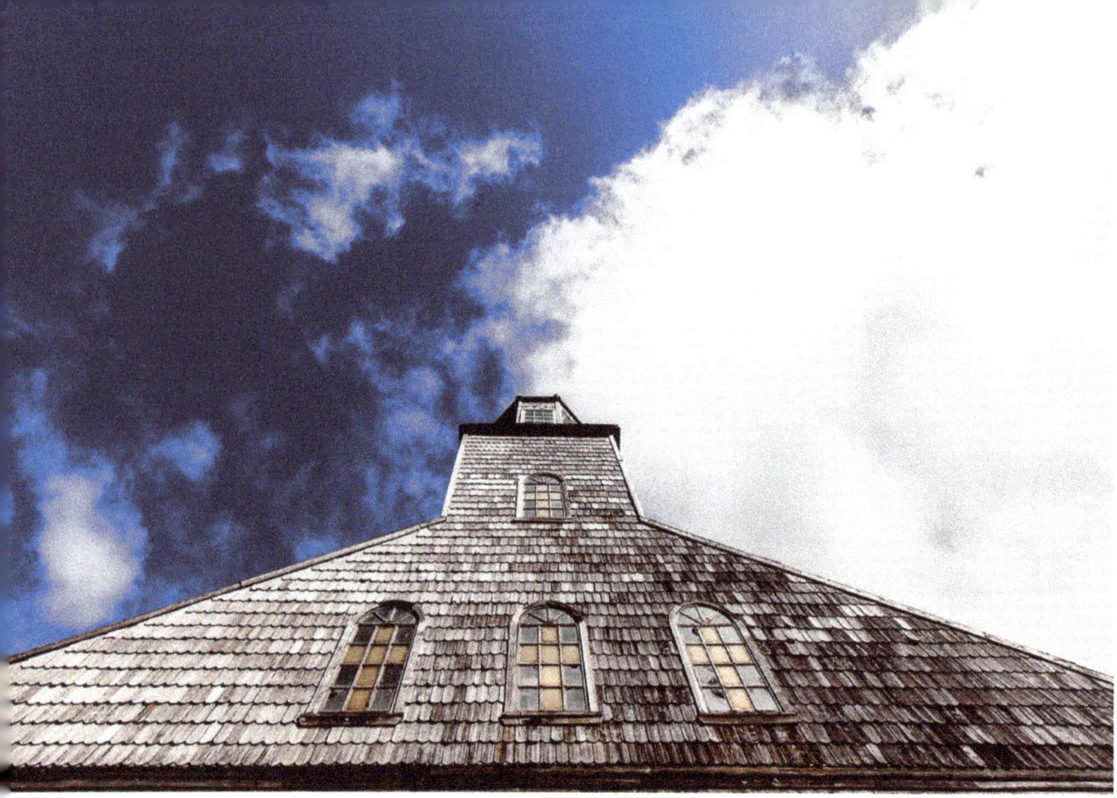

Pick a Side
Elige un lado
Álvaro Galindo

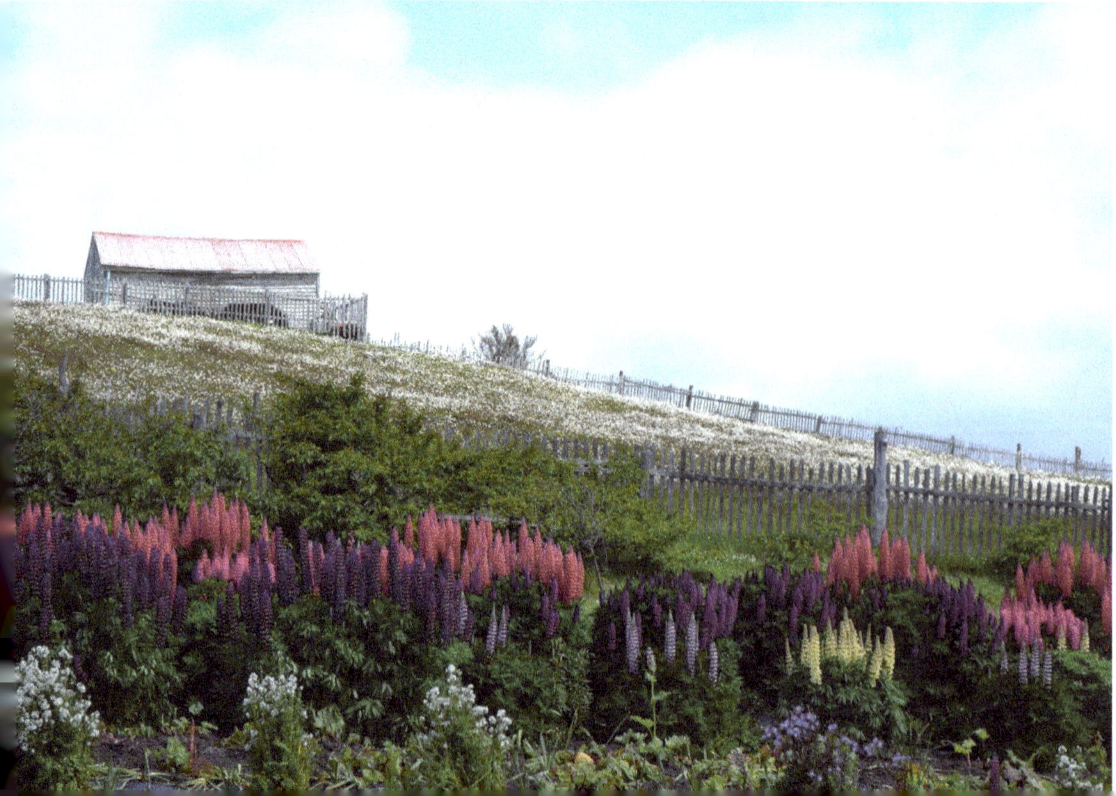

Estancia Harberton
Carlos Fernández Pazos

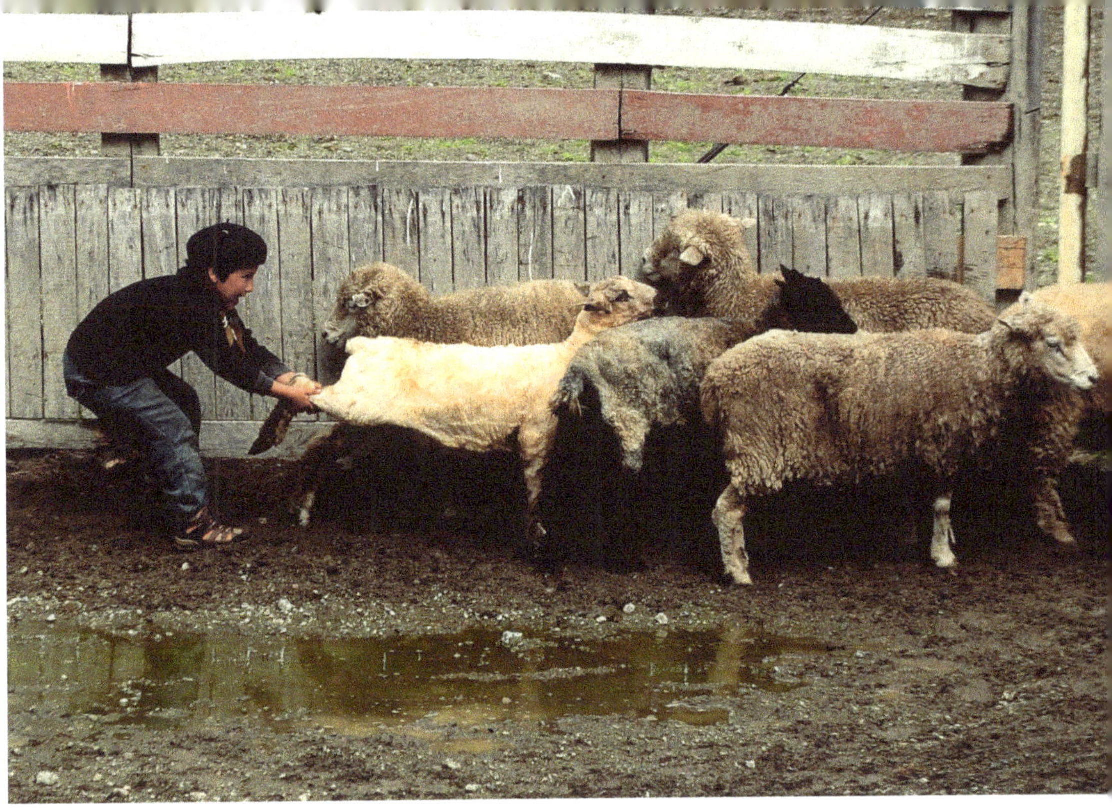

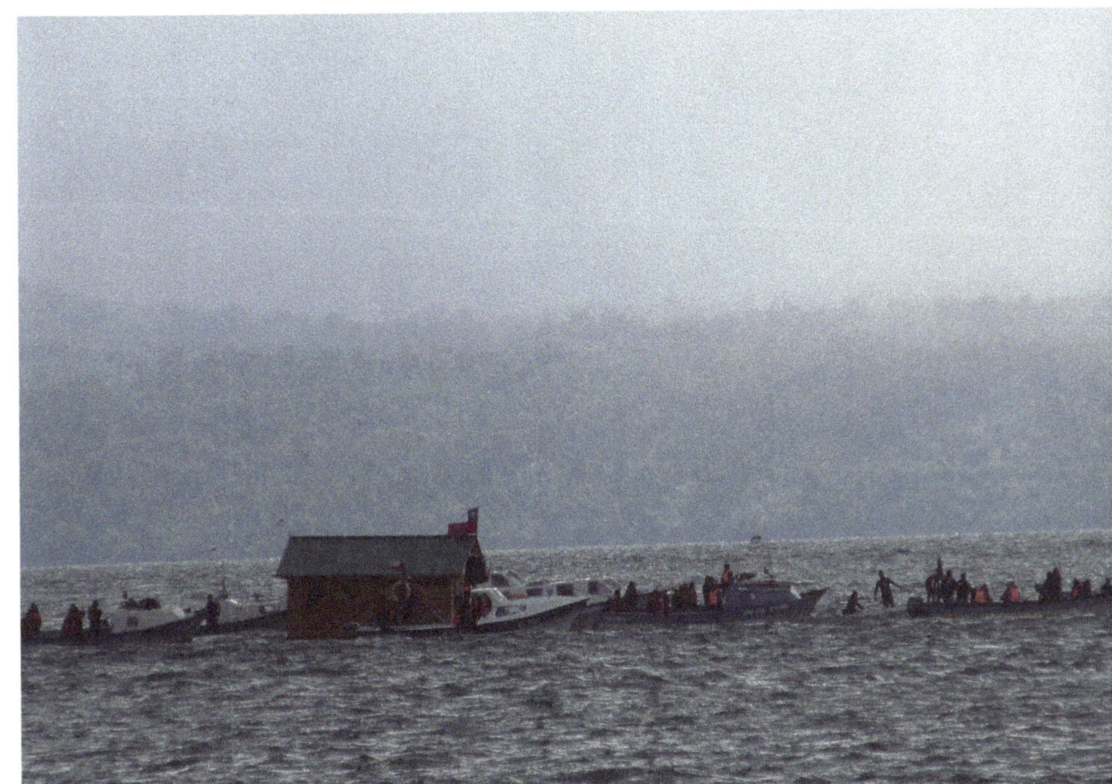

Shear games
Juego de esquila
Francisca Díaz

Minga in Puerto Cisnes
Minga Cisnense
Daniel Sandoval

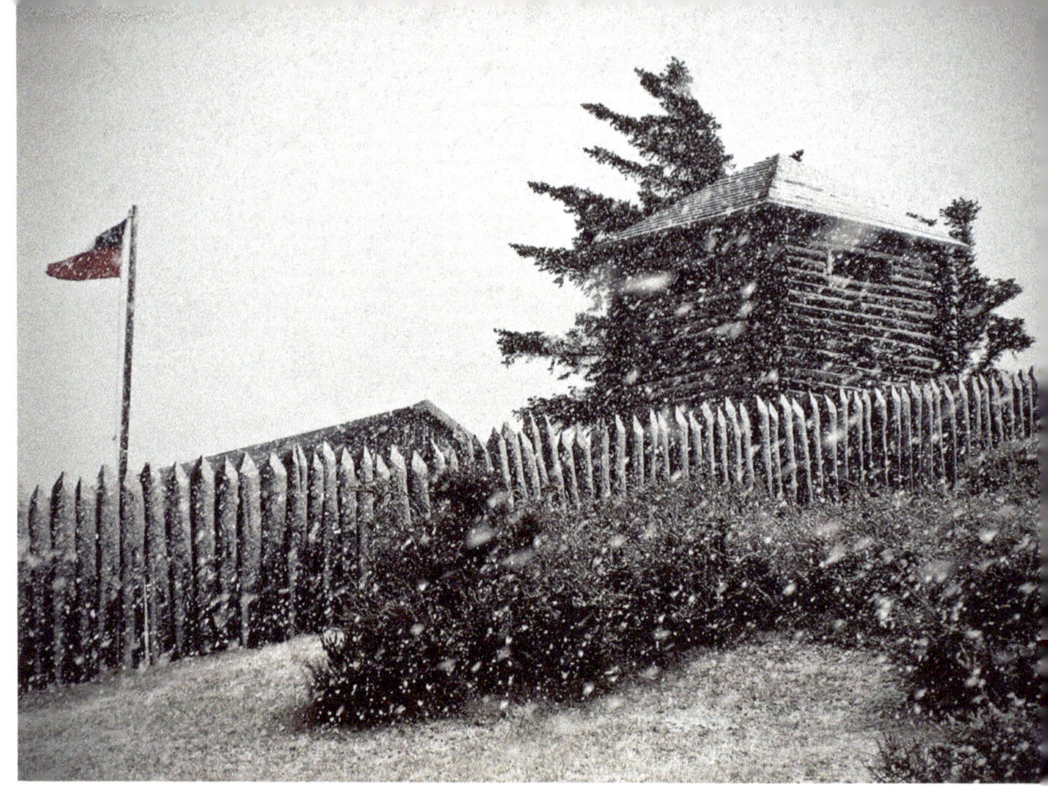

Port Famine
Puerto del Hambre
Todor Bozhinov

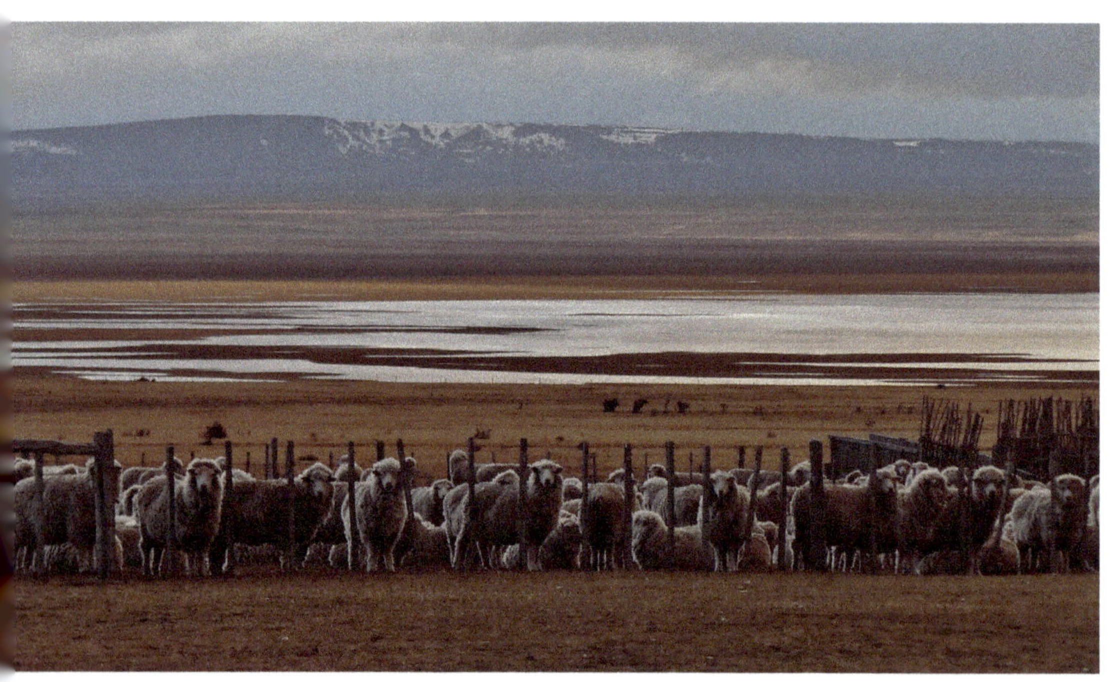

Pampa, wood, and wool
Pampa, madera y lana
Fabián Barría

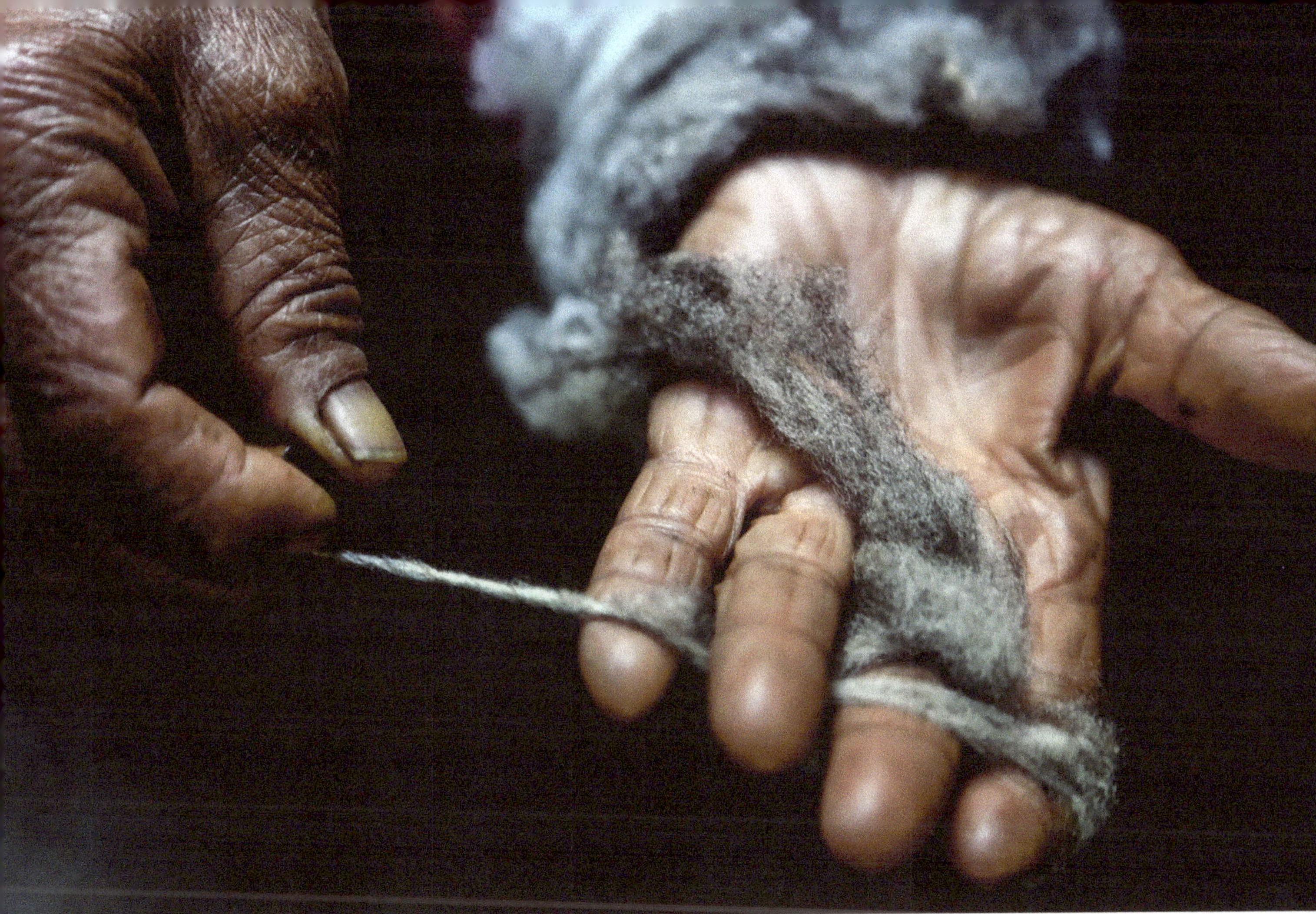

Threading stories
Hilando historias
Heather Morgan

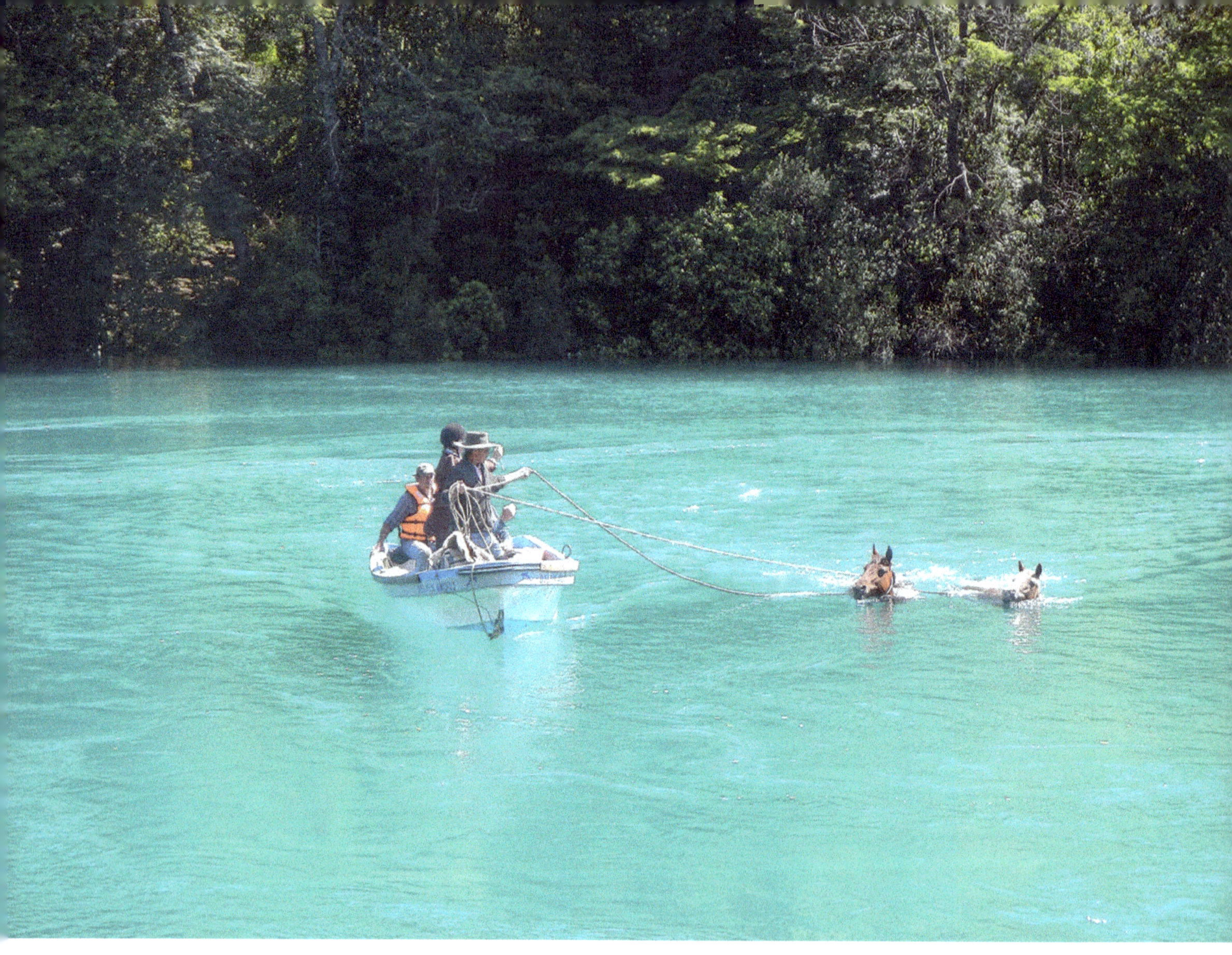

90

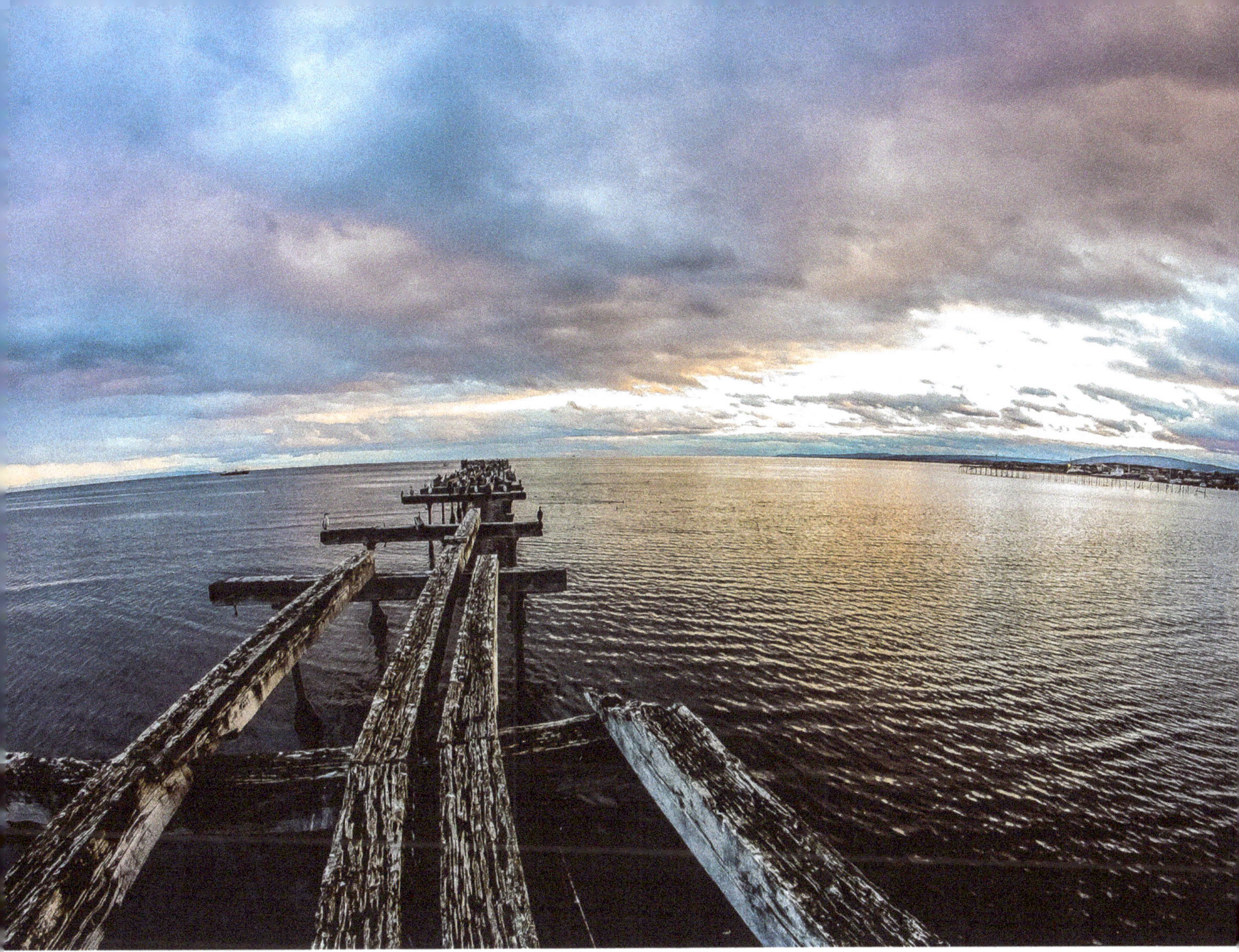

Bridge to infinity
Puente al infinito
Cristian Arriado

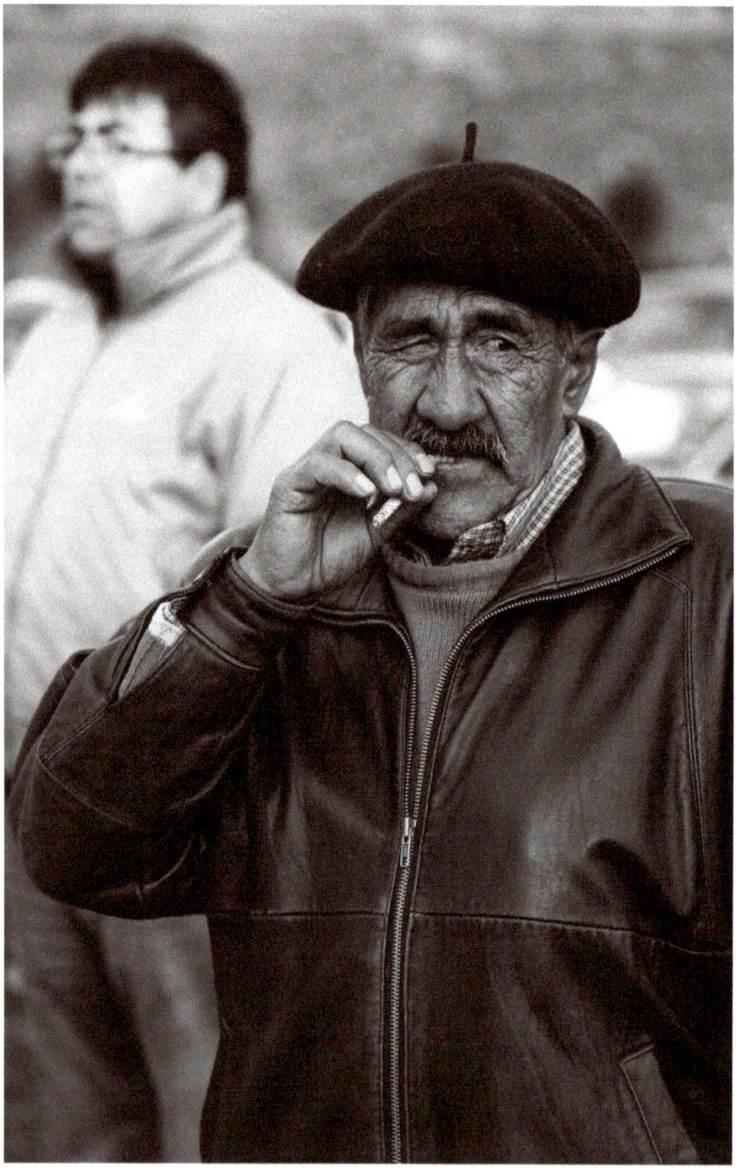

The Campero
El campero
Claudio Garrido

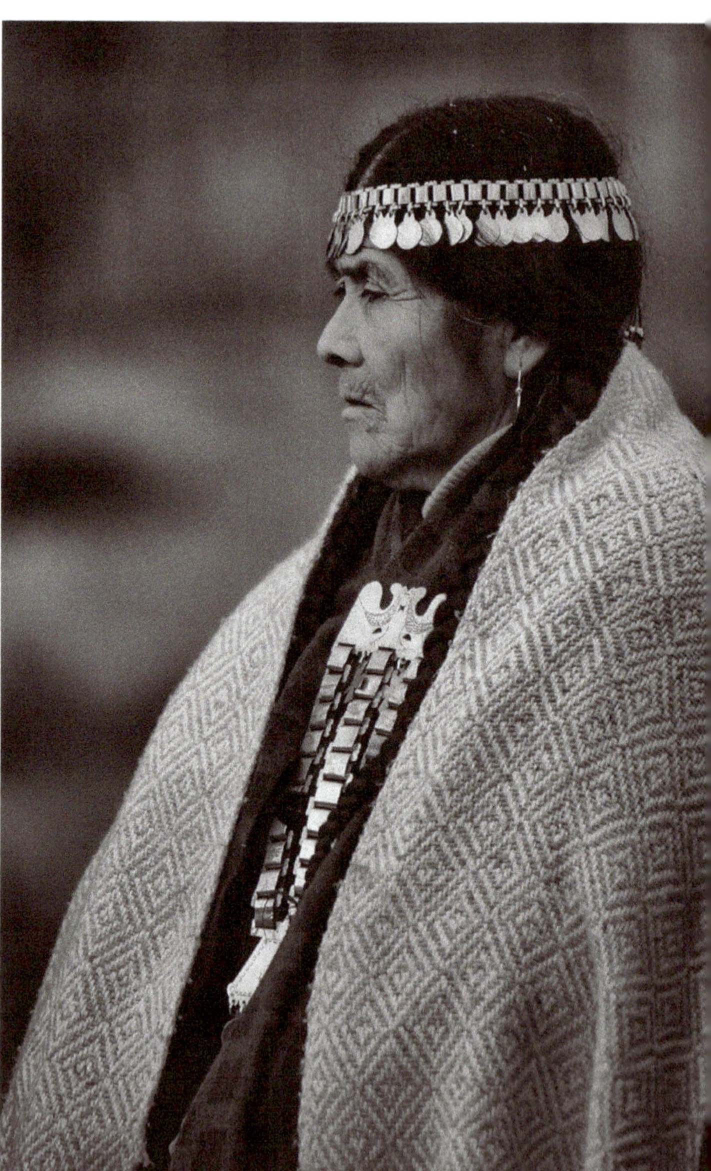

Machi
Mario Ptasik

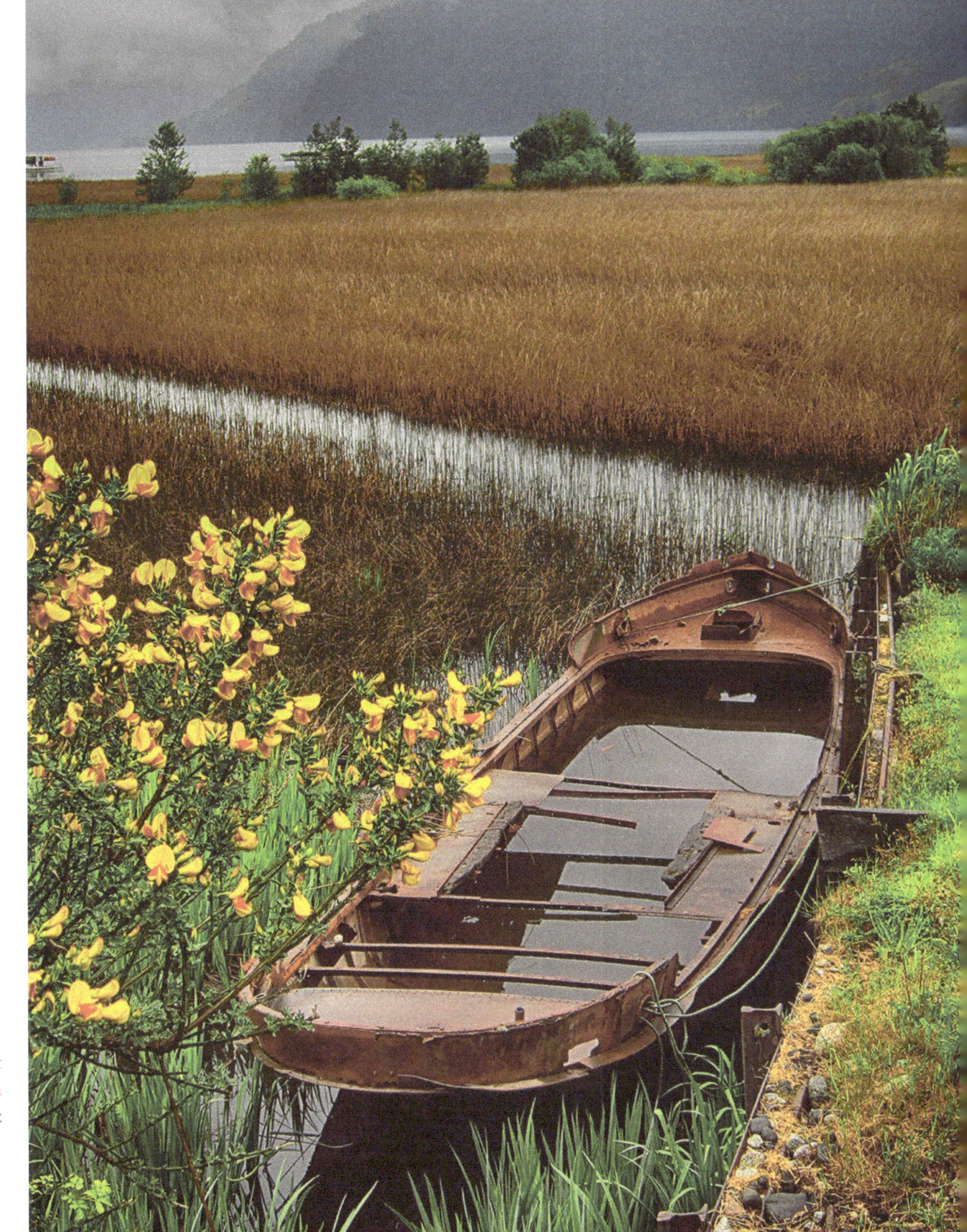

The boat
La barca
Bernardo Hernandez

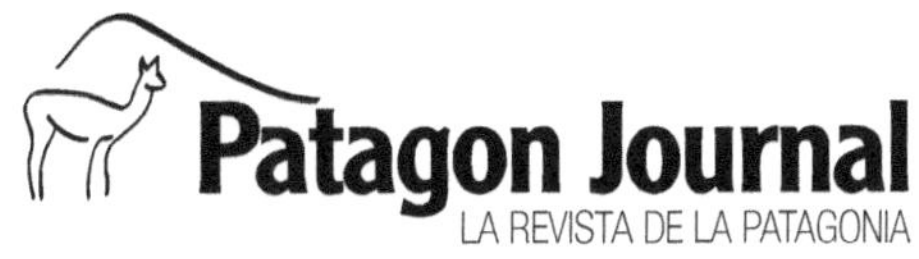

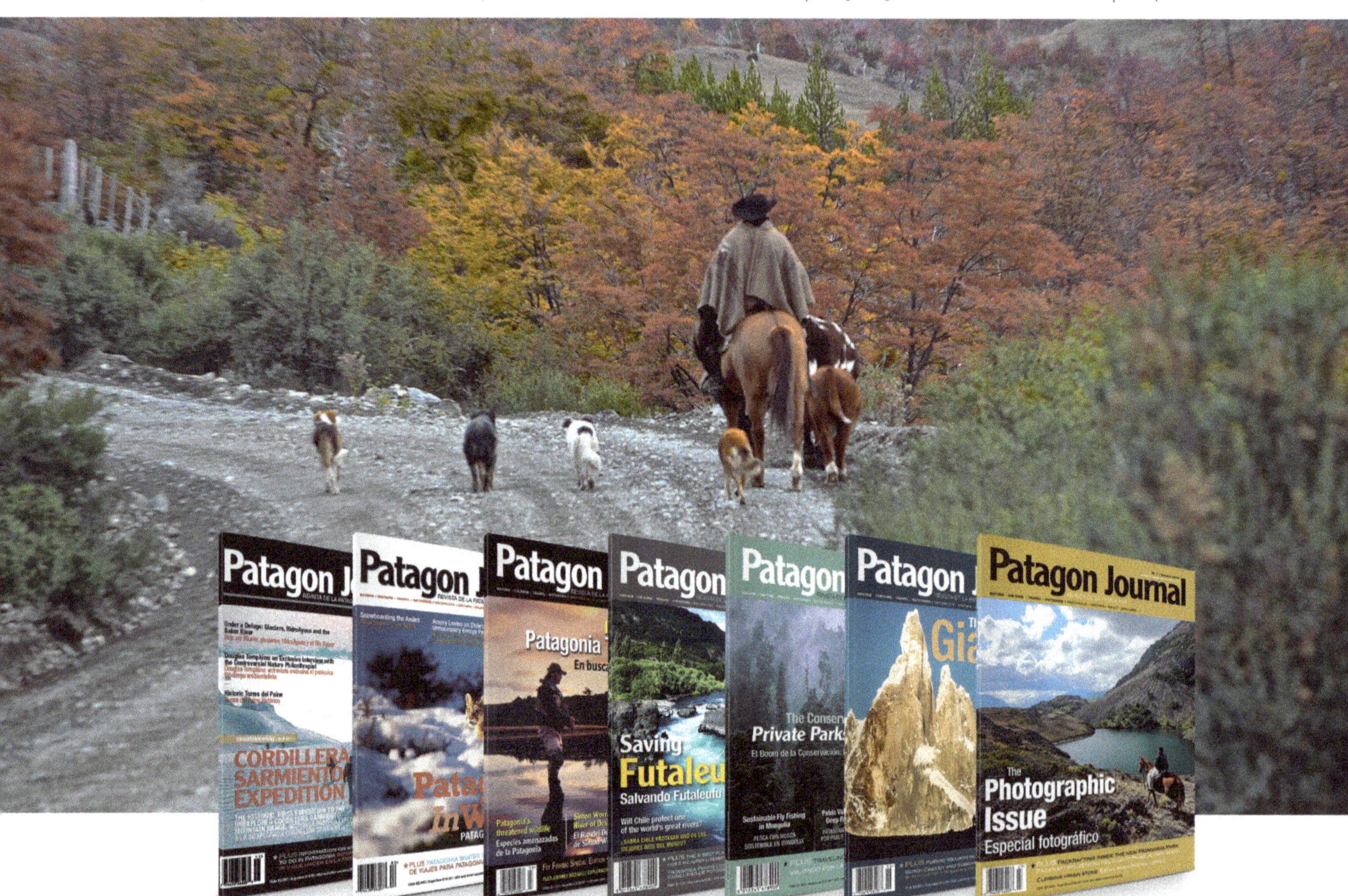

Patagon Journal
LA REVISTA DE LA PATAGONIA
Environment | Medioambiente Nature | Naturaleza Travel & Culture | Viajes y Cultura Outdoors | Deportes al aire libre
advertising – publicidad / subscriptions – suscripciones / orders – pedidos
contact@patagonjournal.com / Tel: (56 65) 2 235056 / www.patagonjournal.com
Patagon Journal, Casilla 1254, Puerto Varas - Chile

www.ingramcontent.com/pod-product-compliance
Lightning Source LLC
Chambersburg PA
CBHW041835110726
48006CB00020B/2628